Onanieren macht Blind!

Warum man von Selbstbefriedigung
Blind werden kann.
–
Ein nicht mehr ganz zeitgemäßer Ratgeber
aus dem 19. Jahrhundert.

Bei diesem Buch handelt es sich um einen Auszug aus dem Buch *"Die Krankheiten des männlichen und weiblichen Geschlechtssystems und deren Heilung auf allophatischem und homöopathischem Wege"* von Dr. Jonathan Braun aus dem Jahre 1855.

Von dem Gebrauch der in diesem Buch beschriebenen Heilmittel und Arzneien sei aus heutiger Sicht dringlichst abzuraten.

©2014 Alibert Buck / buch-erbe (at) gmx.de
Herstellung und Verlag:
BoD – Books on Demand, Norderstedt
Bildnachweis:
Die Grafik auf dem Cover stammt von fotolia
© Bastian Weltjen – fotolia.com
ISBN:
9783734741111
Bibliografische Information der Deutschen Nationalbibliothek:
Die Deutsche Nationalbibliothek verzeichnet diese Publikation in der Deutschen Nationalbibliografie; detaillierte bibliografische Daten sind im Internet über www.dnb.de abrufbar.
Originaltitel:
„Die Krankheiten des männlichen und weiblichen Geschlechtssystems und deren Heilung auf allophatischem und homöopathischem Wege" von Dr. Jonathan Braun / Baumgartners Buchhandlung, Leipzig, 1855
Umschlagsgestaltung und Überarbeitung des Textes:
Alibert Buck

Inhalt

Einleitung

Seite 1

Erstes Kapitel

Seite 3

Von der Wichtigkeit und Bedeutsamkeit des männlichen Samens

Zweites Kapitel

Seite 9

Von den Folgen der übermäßigen Samenverschwendung überhaupt und der Onanie – insbesondere beim männlichen und weiblichen Geschlechte

Drittes Kapitel

Seite 39

Von den Ursachen, weshalb die Selbstbefleckung schädlicher und gefahrvoller ist, als der Beischlaf

Viertes Kapitel

Seite 51

Von der Art und Weise, wie die nachteiligen Folgen der Selbstbefleckung gemindert und gehoben werden können

Fünftes Kapitel

Seite 84

Von der zweckmäßigen Art und Weise, die Onanie bei der Jugend zu verhüten und sie, wenn sie bereits vorhanden ist, bald und sicher zu erkennen

Einleitung
—
Von der Onanie oder Selbstbefleckung

Indem wir das Laster der Onanie oder Selbstbefleckung ausführlicher abzuhandeln gedenken, sprechen wir zunächst

1) von der Wichtigkeit und Bedeutsamkeit des männlichen Samens
2) von den Folgen der übermäßigen Samenverschwendung für Geist und Körper überhaupt und von den Nachteilen der Onanie ins besondere, beim männlichen sowohl als weiblichen Geschlecht
3) von den Ursachen, weshalb die Onanie schädlicher und gefahrvoller ist, als der Beischlaf
4) von der Art und Weise, durch welche diese nachteiligen Folgen gehoben und beseitigt werden können
5) geben wir einige Winke und Aufschlüsse für Eltern und Erzieher, um das Laster der Selbstbefleckung bei ihren Kindern und Zöglingen zu verhüten und dasselbe, sofern es bereits vorhanden ist, bald und mit Sicherheit zu erkennen.

Erstes Kapitel

—

Von der Wichtigkeit und Bedeutsamkeit des männlichen Samens

Der männliche Samen ist sowohl nach dem einstimmigen Zeugnisse der Ärzte aller Zeiten, als der Erfahrung zufolge die edelste und zugleich die *sparsamste Flüssigkeit* des menschlichen Körpers. Kein Teil des Körpers bedarf zu seiner vollkommenen Entwicklung und Reife so langer Zeit, als der in den Hoden zubereitete reife und fruchtbare Samen. Keine Absonderung irgendeiner Flüssigkeit im Körper beginnt so spät, als die Absonderung des Samens. Mit Sorgfalt bereitet ihn die Natur in zwei eiförmigen aus zahllosen kleinen Gefäßen und Nervenzweigen bestehenden Eingeweiden, welche Hoden genannt werden. Mit Sorgfalt leitet sie denselben durch zwei aufwärts steigende Kanäle in die Samenbläschen, wo derselbe bis zum vernünftigen, von der Natur vorgeschriebenen, Fortpflanzungsgebrauche aufbewahrt und noch mehr veredelt wird. Der männliche Samen ist ein weißgrauer, dicklichter Saft von großer spezifischer Schwere und einem eigentümlichen Geruche. Im Wasser sinkt er teilweise zu Boden und bildet faserige Streifen, wie Schleim, zum Teil aber schwimmt er oben und gerinnt in dünne, dem Spinngewebe ähnliche Häutchen, die sich zuletzt aber gleichfalls im Wasser auflösen und dasselbe trüben. Über seine Bestandteile gibt die nähere chemische Zerlegung noch kein genügendes Resultat. Der vollkommene, einige Zeit hindurch in den Zeugungsteilen aufbewahrte Samen des Menschen und sehr vieler Tiere enthält aber

Erstes Kapitel – „Onanieren macht Blind!"

außerdem eine Menge kleiner mit dem bloßen Auge unsichtbarer Tierchen von eirunder Gestalt an einem Ende mit einem dünnen Schwänzchen begabt, welche zuerst von dem berühmten Zergliederer *Leeuwenhöck* in der Mitte des 17. Jahrhunderts entdeckt und beschrieben worden sind.
Man hat bemerkt, dass diese Samentierchen in größeren und kleineren Tiergeschlechtern fast dieselbe Größe und Gestalt haben und dass sie nur wenige Stunden nach der Entleerung des Samens fortleben können. Sie haben eine freie, willkürliche Bewegung und werden von Einigen als wesentlicher Bestandteil des fruchtbaren Samens angesehen, indem man beobachtet hat, dass sie bei Knaben vor der Mannbarkeit und bei Bastardtieren, z.B. bei Mauleseln nicht zugegen sind. Andere aber erklären sie für bloß zufällige Erscheinungen, wie ähnliche Infusionstierchen in anderen stockenden Säften. Höchst wahrscheinlich enthält der fruchtbare Samen einen bedeutenden Teil des feinen ätherischen Nervenstoffes. Dies erhellt auch aus der Größe der zu den Hoden gehenden Nerven, aus der Wichtigkeit und der Bestimmung des Samens und aus dem großen und nachteiligen Einflusse, welcher mit der Vergeudung desselben für das Nervensystem und die Lebenskraft überhaupt verbunden ist.

Beweise für die Wichtigkeit des Samens gibt uns zunächst schon die Erfahrung, denn außerordentlich und wunderbar fast sind die Veränderungen, welche im Körper und Geiste des Jünglings sich aussprechen, sobald die Absonderung des Samens zur Zeit der Mannbarkeit begonnen hat, weil der bessere geistigere Teil des Samens bei enthaltsamen

Personen wieder aufgesogen und dem Blute zugeführt wird. Die am Kinn hervorsprießende Wolle verwandelt sich in den männlichen Bart. An den Schamteilen, unter den Achseln, zuweilen sogar an der Brust kommen Haare zum Vorschein. Die feine unmännliche Stimme des unreifen Jünglings wird tiefer und stärker. Das Auge erhält einen feurigen Glanz. Die Muskelkraft wird größer. Der ganze Körper kraftvoller und tätiger. Die Seelenkräfte entwickeln sich mehr. Die Phantasie wird erfinderisch, feurig und der Verstand fester. Der Wille tätiger und es entsteht eine ihm bisher unbekannte Neigung zum weiblichen Geschlecht. Dass diese Veränderungen größtenteils von einer unerklärbaren Einwirkung des männlichen Samens auf den gesamten Körper abhängen, beweisen die unseligen Schlachtopfer italienischer Gewinnsucht die Kastraten, welche mit dem Verluste der Hoden alle männliche Körper- und Seelenkraft verlieren. Ihr Körper wird fett und weiblich und die Stimme fein und weibisch.

Auch im Tierreich zeigen sich die Folgen einer solchen Entmannung: Der Hahn verliert seinen krähenden Ton, seine Stärke, seinen feuerroten Kamm, legt die männliche Wachsamkeit des Haushahns ab und artet in weibliche Weichlichkeit aus.

Der zügellose wilde Stier verwandelt sich durch die Kastration in einen geduldigen und zahmen Ochsen. Die im Eingange der weiblichen Scheide abgesonderte schleimartige Flüssigkeit, welche zur Schlüpfrigmachung der Scheide dient, pflegt während der Begattung bei manchen Weibern sich ungemein häufig zu ergießen, weshalb man dieselbe ehemals sehr irrig weiblichen Samen genannt hat.

Erstes Kapitel – „Onanieren macht Blind!"

Wo aber kann man mit größerem Rechte diejenige Flüssigkeit, welche aus dem geplatzten Bläschen im Eierstöcke des Weibes durch die Muttertrompeten in die Höhle der Gebärmutter übertritt, den weiblichen Zeugungsstoff oder weiblichen Samen nennen, welcher von der, in eine Art von entzündlichem Zustand versetzten Gebärmutter gemeinschaftlich und gleichzeitig empfangen, gemischt und somit die Empfängnis und Ausbildung der Leibesfrucht begründet wird.

Wie und auf welche Weise der Samen diese bedeutenden Veränderungen im Körper hervorzubringen im Stande ist, bleibt vor der Hand noch tiefes Geheimnis. Wahrscheinlich bewirkt er dieselben durch den Reiz seiner feineren, gleichsam mehr geistigen, Bestandteile auf alle Teile des Körpers, daher denn auch der Kreislauf des Blutes durch ihn, wenn er wieder eingesogen ist, beschleunigt und gekräftigt, die Ernährung aller einzelnen Teile vermehrt wird und alle Verrichtungen des Körpers mit größerer Leichtigkeit und Vollkommenheit von Statten gehen. Wo dies nicht geschieht und der Samen im Übermaße ausgeleert wird, da mangelt die Beihilfe seines belebenden Feuers und die Verrichtungen des Körpers gehen gar nicht oder unvollkommen von Stätten, wie Solches im nachfolgenden Kapitel erörtert werden soll. Die edelsten und ausgearbeitetsten Säfte, aus denen der Samen besteht, werden durch dessen Ausleerung dem Körper entzogen und nicht umsonst hat deshalb der Schöpfer in den Begattungstrieb die höchste Wollust, welche mit der stärksten Erschütterung der Nerven verbunden ist, gelegt. Nicht umsonst ist daher das starke Gefühl der Sättigung und Ermattung nach geschehener

Samenentleerung. Gleichwie der Körper durch das Gefühl der Sättigung nach genossener Speise gegen schädliches Übermaß gewarnt wird, so wird er dies durch eben dasselbe Gefühl nach einmal vollzogener Samenentleerung gegen das noch weit nachteiligere Übermaß im Genuss der Geschlechtslust. Die Vergeudung des edelsten Saftes im Körper, welcher die Fähigkeit zur Fortpflanzung des eigenen Geschlechts in sich schließt, rächt sich, wie wir alsbald umständlicher beweisen werden, an dem Sünder selbst und an der Frucht seiner Sünde auf eine ebenso furchtbare als abschreckende Weise.

Darum war schon der Stammvater der Arzneikunde *Hippokrates* der Meinung, dass der Samen zwar aus allen Teilen des Körpers, ganz vorzüglich aber aus dem Kopfe abgesondert werde. Und er behauptet, dass die Schwäche, welche auf den Erguss des Samens erfolge, ein genügender Beweis für die Kraft desselben sei. Derselben Ansicht war auch *Galenus*, der die Samenfeuchtigkeit für den feinsten Teil aller Säfte des Körpers erklärt, und behauptet, dass, wenn man Samen verliere, man zugleich den Geist des Lebens verliere. Man dürfe sich daher nicht wundern, wenn die zu oft wiederholte Samenentleerung entkräfte, da dieselbe dem Körper die edelsten Säfte entziehe.

Aristoteles nennt den Samen die Aussonderung des verfeinerten Nahrungsstoffes und *Pythagoras* die Blume des Blutes. Ein Schüler des Letzteren, Namens *Alkmäon*, hatte einen so hohen Begriff von der Würde des Samens, dass er ihn für einen Teil des Gehirns selbst hielt.

Erstes Kapitel – „Onanieren macht Blind!"

Plato glaubte, er werde aus dem Rückenmarke in die Hoden geleitet. *Epikur*, welcher sehr mit Unrecht nur für einen verworfenen und leichten Mann des Altertums gehalten wird, hielt den Samen für einen Teil der Seele und des Körpers und ermahnte seine Schüler, diesen Saft sorgfältig zu Rate zu halten, um ihres Lebens zu schonen und weder am Körper noch Seele Schaden zu leiden. Alle diese Meinungen, denen wir noch mehrere aus älterer sowohl als neuerer Zeit beifügen könnten, bestätigen einstimmig, dass der Samen einer der edelsten Teile unserer Säfte sei.

Da der tierische Körper durch Übermaß in der Entleerung dieser Flüssigkeit so vielen Nachteilen sich aussetzt, so ist man auf die Vermutung gefallen, ob nicht der in den Nerven vorhandene Lebensstoff auf das Genaueste und Innigste mit dem Samen selbst verwandt sei. Allerdings spricht die aus zu großer Verschwendung des Samens endlich entstehende Unfähigkeit des Geistes zu seinen Verrichtungen einigermaßen für die Richtigkeit dieser Vermutung und wenn man auch die genaue Übereinstimmung zwischen dem Gehirn und den Hoden nicht einzusehen vermag, so ist doch so viel gewiss, dass der Samen mit der Lebenskraft selbst, welche ohne Nerven nicht gedacht werden kann, innig verwandt sei.

Zweites Kapitel
–
Von den Folgen der übermäßigen Samenverschwendung überhaupt und der Onanie - insbesondere beim männlichen und weiblichen Geschlechte

Durch übermäßige Samenverschwendung wird nicht nur eine höchst nützliche Feuchtigkeit dem Körper entzogen. Die Samenentleerung ist auch die krampfhafte Muskel- und Nervenspannung, die auf den Körper, wenn sie oft wiederholt wird, äußerst nachteilig wirkt.

Es ist aber der menschliche Körper von einer solchen Beschaffenheit, dass, wenn ein Teil desselben oft in Tätigkeit gesetzt wird, der Körper durch den dadurch erzeugten Reiz die Säfte nach dem gereizten Teile um so mehr hintreibt. Wird nun der Samen in zu großer Menge dem Körper abgezwungen, so entsteht dadurch ein beständiger Antrieb des edelsten Saftes nach den Zeugungsteilen. Der ganze Körper leidet dabei Mangel, denn jeder zu oft wiederholte Samenerguss ermüdet und schwächt den Körper. Durch den gewohnten Reiz zur Wollust werden alle die einmal entstandenen Übel aufs Höchste vermehrt, daher endlich unheilbar.

Der Seele werden durch diese schädliche Gewöhnung wollüstige Gedanken zu lebhaft eingeprägt, daher die Einbildungskraft bei Nacht nicht nur, sondern auch am Tage stets geschäftig ist, Bilder der Wollust sich zu schaffen und

Zweites Kapitel – „Onanieren macht Blind!"

von diesen zu träumen. Die geringste Menge des bereiteten und angesammelten Samens reizt die zu reizbar gewordenen Samenblasen, sich desselben zu entleeren, weil dieselben alle Spannkraft verloren haben, um ihn in sich aufzubewahren und weil der geringste Reiz dieselben in die lebhafteste Tätigkeit versetzt.

Schon der Älteste unter den Ärzten, *Hippokrates*, hat die Übel gekannt, welche aus dem zu häufigen Genusse der Wollust entstehen und gibt denselben den Namen der Rückendarre oder der Abzehrung des Rückenmarks. Sie entsteht nach ihm im Mark des Rückgrats und befällt ausschweifende Wollüstlinge. Sie haben kein Fieber, werden aber bei dem besten Appetite mager, zehren ab und empfinden ein widriges Gefühl eigener Bewegung im Rücken, als ob ihnen Ameisen vom Kopfe über den Rücken herab kriechen. Bei der Leibesöffnung oder dem Urinlassen verlieren sie oft eine samenähnliche Flüssigkeit und am Ende die Fähigkeit zur Zeugung.
Im Schlafe beschäftigen sie sich oft träumend im Schoß der Liebe, ihre Kräfte werden so geschwächt, dass schon ein gewöhnlicher Spaziergang ihnen den Atem benimmt, sie ermattet und Ohrensausen hervorbringt.

Ein anderer Arzt des Altertums, *Eelsus*, spricht in seinem vortrefflichen Buche „über die Erhaltung der Gesundheit« von der Schädlichkeit der Vergnügungen der Wollust für Gesundheit und Leben, weshalb besonders schwächliche Menschen dieselben behutsam genießen sollen, weil auch sogar die festeste Gesundheit dadurch zerrüttet und zerstört wird.

Aretäus schildert die traurigen Folgen der Samenverschwendung auf eine abschreckende Weise. Jünglinge, spricht er, erhalten dadurch das zusammen gesunkene Ansehen schwacher lebensmüder Greise, sie verlieren ihre gesunde Farbe, werden blass, weibisch, schläfrig, träge, dumm, zuweilen sogar blödsinnig, sie gehen krumm und gebückt einher, ihre Beine versagen dem Körper den Dienst und die Knie wanken. Alles, selbst das Leben ist ihnen zu wider. Sie werden der Zeugungsfähigkeit beraubt und nicht selten gelähmt.

Galenus leitet die Krankheiten des Gehirns und der Nerven, welche mit gänzlicher Entkräftung verbunden sind, von derselben Ursache her und erzählt uns, dass ein Mann, welcher nach einer noch nicht vollkommen überstandenen Krankheit seiner Frau beigewohnt habe, plötzlich gestorben sei.

Neuere Ärzte bestätigen diese Erfahrungen und Behauptungen der älteren. *Sanctorius*, welcher mit strenger Sorgfalt Alles, was auf Gesundheit und Leben wirkt, aufgezeichnet und gesammelt hat, behauptet, dass die Vergnügungen der Wollust den Magen schwächen, daher die Verdauung hindern und die natürliche Ausdünstung hemmen, die Wärme des Körpers vermindern, das Gesicht erblöden, ja sogar gänzlichen Verlust des Letzteren herbeiführen.

Lommius bestätigt dasselbe und ist der Meinung, dass ein Heer von Krankheiten aus zu häufiger Samenentleerung namentlich Schlagfluss, fallende Sucht, Lähmungen, Blödigkeit der Augen, Stumpfheit des Verstandes, Zittern der Glieder, Krämpfe und schmerzhafte Gicht entstehe.

Tulpius, ein berühmter Arzt zu Amsterdam, sagt, dass dadurch nicht nur das Rückenmark verzehrt, sondern der ganze Mensch an Geist und Körper schwach wird und ein klägliches Ende nimmt.

Blancard hat aus dieser Quelle Samenfluss, Schwindsucht und Wassersucht entstehen sehen. Und *Muys* ein Beispiel beobachtet, dass ein Mensch allein durch Ausschweifung in der Liebe in seinen besten Jahren den Brand sich zugezogen habe.

In den Abhandlungen der kaiserlichen Akademie der Naturforscher findet sich die Geschichte eines ausschweifenden Wollüstlings, welcher durch seine Ausschweifungen blind wurde. Und *Tistsot* kannte einen fünfzigjährigen Mann, welcher drei Wochen nach seiner Verehelichung mit einem jungen Weibe erblindete und vier Wochen später starb.

Der berühmte *Hoffmann* hat der unmäßigen Verschwendung des Samens die bedeutendsten und schrecklichsten Krankheiten folgen sehen. Er sagt, dass nach häufigen Samenergüssen die Kräfte sich verlieren, der Leib abzehrt, das Gesicht bleich wird und das Gedächtnis schwindet, dass ein beständiger Frost die Glieder befällt, das Gesicht blöde, die Stimme heiser, kurz der ganze Körper vernichtet werde, zumal da eine beständige Unruhe während der Nacht durch quälende Träume den erquickenden Schlaf verscheuchen. *Hoffmann* will sogar den schwarzen Star, also unheilbare Blindheit, als Folge der Samenverschwendung beobachtet haben.

Boerhave, dieser große Arzt des vorigen Jahrhunderts, beobachtet aus derselben Quelle Erschlaffung, Schwäche und Kraftlosigkeit, Austrocknung des Körpers, Magerkeit und Schmerzen in den Häuten des Gehirns. Die Sinne, ganz besonders die Augen verlieren, nach ihm, ihre Kraft und Stärke und es entsteht Auszehrung des Rückenmarks, allgemeine Fühllosigkeit, Lähmung u. s. w.

Senat behauptet, Samenverschwendung raube dem Menschen die Anmut und Fülle der Jugend und erzeuge in der Blüte der Jahre schon alle Gebrechen des hinfälligen Alters.

Ludwig sagt, dass, wenn junge Personen beiderlei Geschlechts sich der Wollust überlassen, sie ihre Gesundheit gänzlich vernichten, weil sie diejenigen Teile verschwenden, welche dem Körper Festigkeit und Stärke geben sollen. Daher werden sie denn auch am Ende gewöhnlich von der Schwindsucht befallen.

Zweites Kapitel – „Onanieren macht Blind!"

Robinson, ein englischer Arzt, beschreibt die Zufälle, welche dem häufigen Genusse sinnlicher Liebe folgen, mit grellen Farben. Die natürliche Leibesöffnung spricht er, bleibt weg, und der Mensch wird niedergeschlagen, zumal da die Furcht ihn beherrscht, dass er sich durch Verschwendung des Samens um seine Gesundheit gebracht habe und dass er dieselbe nie wieder erlangen werde. Diese Furcht ist besonders den Selbstbefleckern und besonders solchen eigen, welche frühzeitig schon mit dem Genusse dieses schändlichen Lasters vertraut geworden sind. Ein beständiger Schmerz, der sich im Kreuze festgesetzt hat, große Entkräftung mit nachlassenden und wiederkehrenden Schmerzen in den Gelenken, Abstumpfung der Seelenkraft und unwillkürliche nächtliche Samenergüsse sind die weiteren Folgen des Übels.

Kloeckhof schreibt in seinem Buche über die Krankheiten der Seele, dass zu häufige Samenverschwendung alle festen Teile des Körpers erschlaffe und Trägheit, Verdrossenheit, Schwäche, Abzehrung und Rückendarre, Betäubung und Unfähigkeit der Sinne, daher Dummheit, Verstandeslosigkeit, Ohnmachten und Krämpfe die endlichen Folgen derselben seien.

Friedrich Hoffmann bemerkt, dass junge Leute, welche sich der Onanie überlassen, alle Fähigkeit zum Studieren verlieren.

Lewis schildert insbesondere die traurigen Folgen der Selbstbefleckung und spricht: Obschon die Vergehungen mit dem zweiten Geschlechte die traurigsten Folgen für die Gesundheit haben, so sind sie doch nicht so gefährlich und schrecklich und folgen nicht so schnell aufeinander, als die Folgen der Onanie, zumal wenn der Mann schon in der ersten Blüte der Jugend den Samen verschwendet hat. Wenn auch der Geist an Allem, was in dem Körper geschieht, den größten Anteil nimmt, so wirkt doch Nichts so verheerend auf die Seele, als die Samenverschwendung durch Selbstbefleckung. Die traurigste Melancholie, die kälteste Unempfindlichkeit gegen alle Vergnügungen und eine zuweilen vollkommene Abwesenheit des Geistes gibt sich an solchen Menschen zu erkennen und sie hören oft ohne die mindeste Aufmerksamkeit und Teilnahme die wichtigsten Gespräche der Gesellschaft an. Das Bewusstsein, sich selbst elend unglücklich gemacht zu haben und das Gefühl ihrer Unfähigkeit zur Ehe, sind die folternden Vorwürfe, durch welche diese Unglücklichen von der Welt und Gesellschaft getrennt werden. Glücklich genug sind sie noch, wenn sie noch so viel Lebenskraft in sich fühlen, ihr elendes Leben zu tragen und dasselbe nicht, einer drückenden Bürde gleich, eigenmächtig von sich werfen.

Der berühmte *Störck* bestätigt diese Behauptungen durch eigene Beobachtungen auf das Unwiderlegbarste.

Zimmermann schreibt, dass ein Mensch von 23 Jahren durch oft wiederholte Onanie seine Gesundheit endlich so zerrüttet habe, dass er von der fallenden Sucht oder Epilepsie befallen worden sei. So oft derselbe in der Nacht mit einer Pollution beschwert wurde, folgte auch stets die Epilepsie darauf. Durch herzliche Ermahnungen und die traurige Krankheit erschüttert, ließ er endlich von seinem Laster ab, die Pollutionen verschwanden in Folge einer zweckmäßigen ärztlichen Behandlung seines siechen Körpers. Er lebte wieder auf und wurde kraftvoller. Allein er fiel wieder zurück in die Sünde, die Epilepsie kehrte nach jeder Selbstbefleckung wieder und wurde zuletzt so heftig, dass man ihn eines Morgens tot in seinem Zimmer fand. Er war aus dem Bette gefallen und schwamm in seinem Blute.

Der durch seine Schrift über Onanie berühmt gewordene französische Arzt *Tissot* führt in derselben eine Menge eigener Beobachtungen über die nachteiligen Folgen der Selbstbefleckung an. Alle Fähigkeiten des Geistes, spricht derselbe, werden geschwächt, das Gedächtnis nimmt ganz ab, die Begriffe werden verworren, ja die Kranken verlieren gar den Verstand. Die Vorwürfe ihres unreinen Bewusstseins foltern sie, ein lästiger Schwindel ist oft ihr Gefährte, alle Sinne, besonders aber die Augen leiden und das Gehör wird geschwächt. Ebenso verlieren sich auch die Kräfte des Körpers zuletzt gänzlich. Besonders erkennbar wird es bei solchen, welche sich diesem Laster ergeben, ehe der Körper ausgewachsen ist, dass die Natur in der Entwickelung desselben bedeutende Störungen erlitten hat. Einige sind schlaflos, Andere schlummersüchtig oder schlaftrunken. Fast alle werden hypochondrisch, d. h. sie werden von Ängstlichkeit, Beklommenheit, Erbrechen, Herzklopfen, Ohnmachten u. s. w. befallen. Endlich sind Lungenhusten, schleichendes Fieber und Abzehrung die Folgen dieser Vergehungen.

Die empfindlichsten Schmerzen in fast allen Teilen des Körpers sind die beständigen Begleiter dieser zerrütteten Menschen. Gewöhnlich entstehen kleine Blätterchen im Gesicht, oft arten diese in Blattern aus, die wirklichen Eiter in sich haben und schwären. Alle Eingeweide des Unterleibes geraten in die größte Unordnung, wodurch die Verdauung und die natürlichen Ausleerungen gehemmt werden. Daher entstehen die hartnäckigsten Verstopfungen oder schwer zu beseitigender Durchfall und Goldaders Beschwerden. Da endlich dieses Laster an den Zeugungsteilen ausgeübt wird, so ist es ganz natürlich, dass sich die Folgen desselben auch gar bald an diesen selbst zeigen müssen. Sie werden erschlafft und verlieren das Vermögen anzuschwellen, der Same ergießt sich oft bei dem geringsten sinnlichen Reize und dies geschieht sogar zuweilen bei der Leibesöffnung wenn der Kot verhärtet ist. Viele haben einen beständigen unwillkürlichen Samenabfluss, welcher den Körper aufreibt. Andere leiden an einem mit Schmerz verbundenen Steifsein des Gliedes. Einige bekommen bei der mindesten Veranlassung Harnzwang und können den Urin gar nicht lassen oder haben die heftigsten Schmerzen während des Urinabganges. Vielen schwellen die Hoden an und das männliche Glied und die Samenstränge werden schmerzhaft. Fast alle werden zur Fortpflanzung untüchtig, weil sie entweder den Beischlaf nicht ausüben können, oder weil sie alles Feuer, dessen ein guter Samen zur Belebung des weiblichen Eies notwendig bedarf, verschwendet haben. Zeugen Entnervte dieser Art aber dennoch Kinder, so werden diese dem Vater gleich, es sind altkluge, schiefbeinige, verwachsene Geschöpfe, die mit erloschenem Auge und

Zweites Kapitel – „Onanieren macht Blind!"

männlichem Ernste mit Puppen spielen und vor der vollendeter Reife ins Grab sinken: **Denn Gleiches zeugt seines Gleichen.**

Man sucht nur die schönsten und kräftigsten Tiere zur Zucht aus, nimmt nur das schwerste und vollkommenste Korn zum Samen, um etwas Vollkommenes einzuernten. Soll nur bei dem Menschen in dieser Hinsicht eine Ausnahme stattfinden?
Je vollkommener, fester und gesünder der Vater ist, desto gewisser kann er auf vollkommene und gesunde Nachkommen zählen.

Mit den bis jetzt genannten Beobachtungen stimmen auch die Erfahrungen der Ärzte in der neuesten Zeit vollkommen überein, und wir berufen uns hier vor Allen auf das Zeugnis des ehrwürdigen *Hufeland*. Von allen Lebensverkürzungmitteln, spricht dieser erfahrene Arzt, kenne ich Keines, das so zerstörend wirkt und alle Eigenschaften der Lebensverkürzung so sehr in sich vereinigt, als die Verschwendung des Samens. Denn was kann wohl mehr die Lebenskraft in uns vermindern, als die Vergeudung dieses Saftes, der dieselbe in der konzentriertesten Gestalt enthält, der den ersten Lebensfunken für ein neues und den größten Balsam für unser eignes Blut in sich schließt?
Dazu kommt die Gefahr, eines der schrecklichsten Gifte, welches die Welt kennt, das venerische nämlich, bei dieser Gelegenheit einzusaugen, wogegen Niemand sicher ist, der außer der Ehe Umgang mit dem weiblichen Geschlechte pflegt. Dabei müssen wir aber auch der Nebennachteile

gedenken, die mit diesen Ausschweifungen verbunden sind und unter welche vorzüglich die Schwächung der Denkkraft gehört. Es scheint, dass die Seelen- und Zeugungswerkzeuge und die Verrichtungen derselben, das Denken nämlich und die Zeugung, sehr genau mit einander verbunden sind und dass Beide den veredeltsten Teil der Lebenskraft verbrauchen. Je mehr wir die Denkkraft anstrengen, desto weniger lebt unsere Zeugungskraft, je mehr wir die Letztere reizen und ihre Säfte verschwenden, desto mehr verliert die Seele an Denkkraft, Scharfsinn und Gedächtnis. Nichts in der Welt kann die schönsten Geistesgaben so sehr und unwiederbringlich abstumpfen, als diese Ausschweifung. Das eben gesagte gilt in einem ganz vorzüglichen Grade von der Onanie, denn hier vermehrt das Erzwungene und Unnatürliche des Lasters die damit verbundene Schwächung ungemein. Schrecklich ist das Gepräge, das die Natur einem solchen Sünder ausdrückt. Er ist eine verwelkte Rose, ein in der Blüte verdorrter Baum, eine wandelnde Leiche. Alles Feuer und Leben wird durch dieses stumme Laster getötet und es bleibt Nichts als Kraftlosigkeit, Unentschlossenheit, Totenblässe, Verweilen des Körpers und Niedergeschlagenheit der Seele zurück. Das Auge verliert Kraft und Glanz, der Augapfel fällt ein, die Gesichtszüge dehnen sich ins Längliche, das schöne jugendliche Aussehen verschwindet, eine blaßgelbe, bleiartige Farbe bedeckt das Gesicht, der ganze Körper wird krank, empfindlich, die Muskelkraft verliert sich, der Schlaf bringt keine Erholung, jede Bewegung wird schwer, die Füße wollen den Körper nicht mehr tragen, die Hände zittern, es entstehen Schmerzen in allen Gliedern, die Sinne verlieren ihre Kraft, alle Munterkeit vergeht. Die Unglücklichen reden wenig und gleichsam nur gezwungen, alle frühere Lebhaftigkeit des Geistes erstickt.

Knaben, die Genie und Witz besaßen, werden mittelmäßige oder gar Dummköpfe, die Seele verliert den Geschmack an allen guten und erhabenen Gedanken und die Einbildungskraft ist gänzlich verdorben. Jeder Blick eines weiblichen Gegenstandes erregt in ihnen Begierden und Angst, Reue, Scham und Verzweiflung an der Heilung des Übels machen den peinlichen Zustand vollkommen. Das ganze Leben eines Selbstbeflecker ist eine Reihe geheimer Vorwürfe und peinigender Gefühle über innere selbstverschuldete Schwäche, von Lebensüberdruss, und es ist kein Wunder, wenn endlich Neigung zum Selbstmorde entsteht, zu welchem kein Mensch mehr aufgelegt ist, als der Onanist. Denn das schreckliche Gefühl des lebendigen Todes macht endlich den vollkommenen Tod wünschenswert und die Verschwendung dessen, was Leben gibt, erregt am Meisten die eigene besondere Art des Selbstmordes aus Verzweiflung, welche unseren Zeiten eigen ist. Überdies ist die Verdauungskraft dahin, Blähungen und Magenkrampf plagen unaufhörlich, das Blut wird verdorben, die Brust verschleimt, es entstehen Ausschläge und Geschwüre in der Haut, Vertrocknung und Abzehrung des Körpers, Fallsucht, Lungensucht, schleichendes Fieber, Ohnmachten und ein früher Tod.

Es sei uns erlaubt, hier zugleich eine Stelle aus der Schrift eines Parisers anzuführen, welcher Zeuge der sittlichen Verworfenheit zu den Zeiten der Regierung Ludwig XV. in

Frankreich gewesen ist. Die Gesundheit, so schreibt derselbe, wird geschwächt, das Leben der Menschen verkürzt, das Geschlecht selbst nimmt an Zahl und Vollkommenheit ab. Man findet, dass seit 50 Jahren unser Volk nicht mehr seine völlige Kraft besitzt, und den Ausschweifungen unsers Jahrhunderts ist es wohl zuzuschreiben, dass seit langer Zeit die französischen Heere Niederlagen erlitten haben, weil ihnen die frühere Stärke fehlt. Die Natur scheint bei den Franzosen sich zu Ende zu neigen, sie gleichen den Sybariten, den weichlichen Personen. Betrachtet man die Menschenmenge, aus welcher die ersten Stände des Reichs bestehen, so glaubt man, namentlich in Paris, eine Versammlung Kranker zu sehen, und man könnte auf sie den Witz eines Alten anwenden, dass in ihrer Stadt die Toten einherwandeln. Die Hauptstadt und das übrige Reich wimmeln von 25-jährigen Greisen, von Bürgern, die zum Sterben bereit sind, während die Männer anderer Völker dann erst anfangen zu leben. Ein Beweis, dass Ausschweifung im Genusse sinnlicher Liebe dieses Verderben herbeiführt, ist der, dass die Männer der untersten Volksklasse, welche an den Szenen der allgemeinen Sittenlosigkeit keinen Teil haben, vollkommen kräftig sind und eines gesunden Körpers und Geistes sich erfreuen.

Virey, ein französischer Arzt, zeichnet in seiner Schrift über die Ausschweifungen in der Liebe und deren Folgen für Geist und Körper, die Folgen der Selbstbefleckung. Die furchtbare Circe der Jugend, die Onanie, zerstört die zarte Organisation noch vor der Blüte und ist um so gefährlicher als die Ausschweifung in der Liebe, da sie in Einsamkeit und Dunkel,

Zweites Kapitel – „Onanieren macht Blind!"

wo die aufmerksamste Wachsamkeit der Eltern und Erzieher oft vergeblich ist, sich selbst genügt. Sie ist ein unvollkommenes Echo der wirklichen Geschlechtsfreuden, welches die Natur beleidigt, indem es sie betrügt. Kein unvernünftiges Tier ist so verworfen und so verächtlich, als der schwelgerische Wollüstling, der im Schlamme seiner Abscheulichkeiten sich herumwälzt, von der Lustseuche zernagt, von ekelhaften Freuden entnervt, die er mit tausend Leiden und einem frühen Tode bezahlen muss.

Er ist niedrig, weil er feig ist, er ist verachtungswert, weil er mit seiner Kraft auch den Geist und den Verstand verliert, und er raubt sich sogar das einzige Gut, das man anderen Unglücklichen nicht verweigert, das Mitleid mit den Leiden, die er auszustehen hat. Wie viele, die in den Höhlen der Wollust zu elenden Gerippen geworden, schleppen mühsam die unnützen Trümmer ihres Körpers fort! Der Wüstling allein hat es sich zuzuschreiben, dass er seine körperliche und sittliche Bestimmung, die seinem Geschlecht eigentümliche Körper- und Geisteskraft und das ihm zukommende hohe Lebensalter nicht erreicht. Er eilt, in seiner Blüte, bei allen Genüssen das Maß zu überschreiten, seine zügellosen Begierden wollen Alles auf einmal, er verwüstet und befleckt im Voraus alle Freuden, die einem ruhigeren Alter bestimmt und vorbehalten sind. Ehe er dreißig Jahre zählt, ist er zu Grunde gerichtet und ihm bleibt nur der bittere Überdruss eines zerrütteten Lebens. Allein er ist zu feig, ihm ein Ende zu machen und schleppt es schimpflich unter den Augen seiner Mitmenschen fort. So folgen jene ehrlosen, welken Geschlechter einander, so sind in größeren Städten sowohl als auf dem Lande, nur hier seltener als dort, jene schwächlichen, verkrüppeltem geist- und hirnlosen Wesen, die nicht vermögen einem Übel zu widerstehen, das den Grund ihres Unglücks bildet. Ist der Mensch nicht recht unglücklich, dass er das einzige Wesen der Schöpfung ist, das seine Freuden mit Verbrechen mischt?

Zu den Krankheiten, welche der Missbrauch des Geschlechtstriebes und die Onanie insbesondere herbeiführen kann, zählt *Deslandes*: Schlagfluss, chronische Hirnleiden, Epilepsie, Veitstanz, Geistesstörungen, Rückenmarkentzündungen, Blindheit, Taubheit, Schielen, Gicht, Drüsenanschwellung, Krampfaderbruch, Wasserbruch, weißen Fluss, Unfruchtbarkeit, Vorfall der Gebärmutter, Gebärmutterkrebs u. v. a.

Alte Onanisten leiden nicht allein an allerlei Körpergebrechen, sondern auch an geistigen Fehlern und die Onanie wird bei ihnen oft Veranlassung zu Seelenstörungen und Selbstmord. Endlich sind es nicht allein Krankheiten des Körpers, welche durch das Laster der Onanie hervorgerufen werden, sondern auch Krankheiten der Seele und des Geistes verdanken nicht selten ihre Entstehung jener naturwidrigen Befriedigung des Geschlechtstriebes. Geschlechtsmissbrauch im hohen Grade äußert sich allgemein schwächend auf die gesamte Organisation und auf die Geschlechtsteile selbst.

Die Reizbarkeit der Letzteren wird nach und nach unverhältnismäßig erschöpft, und es treten Seelenkrankheiten hervor, die in einer krankhaften Stimmung dieser Teile begründet sind. Besonders ist dieses dann der Fall, wenn der übrige Körper durch reichliche und

Zweites Kapitel – „Onanieren macht Blind!"

gute Nahrung aufrecht erhalten wird, während die schwächende Ursache auf die Geschlechtsteile fortwirkt. Auch können Gewissensbisse, die Reue der Wollüstlinge, Melancholie erzeugen. Oder ihr Geist kämpft stets gegen den unheilbringenden Trieb, sie denken viel darüber nach, das Gehirn wird aufgereizt und es entsteht Geisterverwirrung oder Tobsucht, die nicht selten und bald in unheilbaren Blödsinn übergeht. Kommt nun noch Übergenuss geistiger Getränke, venerische Ansteckung, der Gebrauch des Quecksilbers u. s. w. dazu, so kann dies ebenso sehr als eine fernere Ursache zu Erzeugung
von Seelenkrankheiten mitwirken, als die Angst und Furcht der Angesteckten, der Wahn, entweder fortdauernd angesteckt oder zum Zeugungsgeschäft untauglich zu sein, hinreichend dazu beitragen. Der zwanzigste Teil der in der Hauptirrenanstalt zu Paris aufgenommenen Verrückten waren und sind Freudenmädchen. Dass Onanie den Verstand verrückt habe, davon gibt es eine Unzahl von Beispielen. Die Irrenhäuser sind voll davon und viele Selbstmorde haben darin ihren Grund.

Zu den häufigsten auf Erschöpfung durch Missbrauch der Geschlechtsteile folgenden Seelenkrankheiten gehört auch der Wahnsinn mit Sinnestäuschung. Er ist meistens religiöser Art und es sind mit ihm gewöhnlich Gesichts- und Gehörstäuschungen verbunden. Es ist bekannt und namentlich durch die Rückendarre nachgewiesen, in welchem engen Zusammenhange die Geschlechtsteile mit dem Rückenmarke stehen und dass ein bis in den Nacken hinauf sich erstreckendes Angegriffensein des Rückenmarks vorzugsweise auf das innere Gehörwerkzeug wirke.

Ein junger Mensch, erzählt *Nasse*, der sehr ausschweifend gelebt, verfiel in Wahnsinn. Er genaß von diesem und, obschon man ihn für gesund hielt, so stand er oft mit gegen den Himmel gewandten Blicken und Armen. Auf einmal sah er ein glänzendes Licht in der Höhe, hatte die Anschauung Gottes und wurde ein religiöser Narr. Ein Anderer, der noch während seines Wahnsinns Onanie trieb, hörte dabei den Gesang und Trompeten der Engel.

Die religiöse Schwärmerei der Klöster, bemerkt *Buzorini* ganz richtig, vermischte die Religiosität oft mit der größten Sinnlichkeit. Die Legenden der Religionsschwärmer, die Inquisitionsakten der Hexen und Besessenen liefern eine Menge von Tatsachen. Das inbrünstige Beten mancher alten hysterischen Jungfer hat mit einer religiösen geistigen Buhlerei die größte Ähnlichkeit.

Kaum dürfte es nach Aufzählung dieser Beobachtungen anderer Ärzte noch notwendig scheinen, dass wir auch unsere eigenen Erfahrungen über die ebenso schrecklichen als nachteiligen Folgen der Samenverschwendung überhaupt und der Onanie insbesondere mitteilen, doch müssen wir dies wenigstens insofern, als eigene Beobachtung und Erfahrung allein uns ein Recht geben kann, über dies Laster zu schreiben. Im Allgemeinen stimmen dieselben mit den bisher genannten Erfahrungen anderer Ärzte überein, und wir können der Wahrheit gemäß versichern, dass wir in jenen Schilderungen der Folgen des Übermaßes sinnlicher

Zweites Kapitel – „Onanieren macht Blind!"

Liebe Nichts gefunden haben, was irgend übertrieben genannt werden könnte. Obgleich nun Alle, welche auf die erwähnte Weise an ihrem Körper sich versündigen, ungemeinen Schaden an ihrer Gesundheit leiden, so sind die Zufälle in Hinsicht ihrer Heftigkeit gar sehr verschieden. Je öfter und je länger das Laster der Samenverschwendung überhaupt und der Onanie insbesondere vollzogen wird, desto eher werden Gesundheit und Leben zerrüttet, je seltener und kürzere Zeit es ausgeübt wird, desto langsamer und weniger wird die Gesundheit gestört.

Je schwächlicher der Körper des Wollüstlings, desto schneller und gewisser reift er dem Siechtume und Grabe entgegen, je kräftiger der Körper, desto langsamer welkt er dahin. Je jünger der Sünder gegen sich selbst, desto eher und grässlicher die Folgen der Sünde. Je mehr seine sonstige Lebensweise und Beschäftigung mit Anstrengung des Körpers, namentlich aber des Geistes verbunden ist, desto bedeutender der Grad der nachteiligen Folgen des Lasters. Daher besonders Jünglinge, welche den Studien obliegen, gar bald um ihre Gesundheit gebracht werden. Je unnatürlicher endlich die Befriedigung der Geschlechtslust ist, desto furchtbarer rächt sich die Natur dafür. Mit Recht sagt daher *Hufeland*, dass, wenn es irgend Todsünden gebe, es zuverlässig die Sünden gegen die Natur seien. Daher auch die Folgen der Onanie im Allgemeinen sowohl als Besondern noch weit schrecklicher und gefährlicher sind, als die des naturgemäßen Übermaßes im Genusse der Geschlechtslust. Dazu kommt, dass bei der Samenentleerung der ganze Körper auf das Heftigste in Spannung und Aufregung versetzt und die Nerven auf das Gewaltsamste erschüttert werden.

Schon die Schnelligkeit der Abwechslung, insofern nach einer so allgemeinen und einer so lebhaften Verrichtung eine so plötzliche Ermattung folgt, ist von Mehreren mit Recht als Beweis angenommen worden, dass der Verlust des Samens nicht die einzige Ursache jener Ermattung sein könne. Wenn wir auch nicht des Glaubens mancher Ärzte sind, welche behaupten wollen, die mit dem Samenerguss verbundene heftige Erregung und Erschütterung des gesamten Körpers sei nachteiliger, als der Verlust des Samens selbst, so glauben wir doch, dass diese heftige Erregung und die ihr folgende allgemeine Abspannung des Körpers ungemein viel dazu beitrage, die Folgen der Samenverschwendung zu verschlimmern. Ja sie allein kann, wenn sie zu oft wiederholt wird, im Stande sein, die nachteiligsten Folgen herbeizuführen. Daraus erklärt es sich, warum die unmäßige Befriedigung des Geschlechtstriebes zunächst auf die Nerven und, da diese zu fast allen Teilen des Körpers sich verbreiten, auch auf den ganzen Körper und seine Verrichtungen so ungemein nachteilig wirkt. Daher leidet unter allen Teilen des Körpers zunächst der sehr nervenreiche Magen in seiner Verrichtung, der Verdauung am Meisten. Da von der gesunden Verdauung die regelmäßige Verrichtung fast aller Teile des Körpers abhängt, so dürfen wir uns nicht wundern, wenn bei schlechter Verdauung endlich der ganze Körper geschwächt und entkräftet wird, weil die Säfte nicht gehörig verarbeitet werden und daher zur Ernährung untauglich sind. Die durch die Samenverschwendung herbeigeführte Schwäche der Nerven macht zu Lähmungen und allen Arten von Krämpfen geneigt. Da durch die heftige Spannung während der Samenentleerung zugleich auch das Blut nach

Zweites Kapitel – „Onanieren macht Blind!"

dem Kopfe und der Brust getrieben wird, so erklären sich hieraus einerseits nicht nur die zahlreichen Beispiele von Schlagfluss und plötzlichem Tode während des übermäßigen und ausschweifenden Beischlafs, von denen uns mehrere bekannt geworden sind, so wie der bei Onanisten besonders vorhandene fast beständig anhaltende Kopfschmerz und die geistige Ohnmacht und Verstandslosigkeit der Wollüstlinge. Andererseits aber auch die nachteiligen Folgen der Samenentleerung auf Lungen und Herz. Wir behandelten einen an ausgebildeter Lungensucht leidenden 18 jährigen Jüngling, der seinen Jammervollen Zustand und den frühen Tod, welchem wir ihn durch kein auch noch so kostbares Mittel unsers Arzneivorrates zu entreißen vermochten, einzig und allein dem schändlichen Laster der Onanie verdankte. Ein anderer, früher ungemein feuriger, mit den herrlichsten Geistesgaben ausgestatteter 20 jähriger Jüngling, sonst die Freude und der einzige Trost, jetzt das größte Herzeleid einer tief bekümmerten Mutter, leidet seit einigen Jahren an einer so auffallenden Schwäche der Lungen, dass ein beständiger Reiz zum Husten, eine heisere, hohle und schwache Stimme, Beklommenheit der Brust und Mangel an Atem bei jeder etwas stärkeren Bewegung ihn befällt. Seine Geisteskräfte sind geschwunden, sein sonst kräftiger, würdevoller Gang ist schleppend und schläfrig geworden, das Feuer seines Auges ist erloschen. Die blühende Gesichtsfarbe verschwunden, er sieht einem Gerippe ähnlich, quält sich mit nagenden Vorwürfen über seine Vergehungen, gesteht, dass er dem Laster der Onanie seit Jahren im Tage wohl oft 5 bis 6 mal gefrönt habe und es wird uns, auch wenn er dem Vorsatze, es hinfort gänzlich zu meiden unerschütterlich treu bleibt,

Mühe und Anstrengung kosten, ihn dem Leben zu erhalten und seine zerrüttete Gesundheit wieder herzustellen.

Ein Knabe von 12 Jahren hatte sich durch Onanie einen so bedeutenden Grad von Schwäche und Erschlaffung in den Geschlechtsteilen zugezogen, dass er den Urin nicht mehr an sich zu halten vermochte und kein Arzneimittel im Stande war, dies Übel zu heben, weil er, wie er uns unter Tränen gestand, dem Laster zu entsagen nicht mehr die Kraft hatte. Allgemeine Schwäche des Körpers mit bedeutender Abmagerung verbunden, führte am Ende zur Entwicklung eines auszehrenden Fiebers, an welchem derselbe nach einem halben Jahre verschied.

Ein Geistlicher, katholischer Konfession, welcher zum Zölibat verdammt, nach freiwilligem Geständnis, dem Laster der Selbstbefleckung seit seinem Eintritt in den Priesterstand sich gänzlich ergeben hatte, starb in der Blüte seiner Jahre unter unserer ärztlichen Behandlung an einem schleichenden Fieber mit Rückendarre verbunden, welche Krankheit das Eigentümliche darbot, dass der Bedauernswerte nirgends Ruhe fand, ohne über irgend einen Körperschmerz zu klagen; dass er, nicht allein am Tage, sondern auch des Nachts, jeden Winkel seiner Wohnung, selbst den Boden des Daches nicht ausgenommen, aufsuchte, dort einige Minuten zur Erde niedersank, alsbald aber wieder ausstand, um an einer andern Stelle dasselbe Experiment zu wiederholen.

Ein Jüngling von 20 Jahren, welcher, als Knabe musterhaft gesund, mit dem Eintritt seines 16ten Lebensjahres sich der

Zweites Kapitel – „Onanieren macht Blind!"

Onanie ergeben hatte, befindet sich derzeit noch unter unserer Behandlung und leidet an Stumpf- und Blödsinn. Obschon derselbe versichert, dem Laster gänzlich entsagt zu haben, seit wir ihm das Gefahrvolle desselben mit grellen Farben geschildert, obschon er von seinen Umgebungen sorgfältig bewacht wird und die möglichsten Vorkehrungen gegen Rückfälle in die frühere Sünde getroffen worden sind, dennoch zweifeln wir an seiner Wiederherstellung.

Dass die Samenverschwendung und namentlich die Onanie endlich zumal auf diejenigen Teile des Körpers, welche zur Ausübung des Lasters missbraucht werden, äußerst nachteilig einwirke, dass das männliche Glied erschlafft, dass es am Ende zum Beischlafe unfähig wird, dass dem Wollüstlinge und namentlich dem Selbstbeflecker der Samen oft schon bei dem bloßen Gedanken an den Beischlaf entgeht, dass durch den beständigen Reiz an den Zeugungsteilen die Natur am Ende so verwöhnt wird, dass der Wollüstling, auch wenn er das Laster meiden will, dennoch durch nächtliche Samenergüsse oder Pollutionen völlig entkräftet wird und die Zeugungskraft gänzlich verliert und dass in dem seltenen Fall, wo der Onanist dennoch im Stande bleibt, Kinder zu zeugen, diese schon mit dem Keime zu allerhand Krankheiten geboren werden und den Fluch der Sünde, die auf dem Vater ruht, unverschuldet tragen, ein elendes kümmerliches Dasein fristen. Dass diese gewöhnlich vor der vollendeten Reife dahinsterben, davon sind uns traurige Beispiele in Menge bekannt und wir gedenken statt aller nur eines einzigen, das einen sonst von der Welt hoch geachteten Geschäftsmann betrifft, der in früher Jugend dem Laster der Onanie lange ergeben gewesen, endlich mit einem ebenso liebenswürdigen als kraftvollen Mädchen sich verehelichte und die Strafe seiner jugendlichen Ausschweifungen gegen die Natur in einer kinderlosen unglücklichen Ehe trägt. Seine Zeugungsteile sind in einem Grade erschlafft, dass er unvermögend ist, den Beischlaf zu vollziehen, nächtliche Samenergüsse entkräften ihn, sein Gewissen überhäuft ihn mit bitteren Vorwürfen, die Trauer über den Verlust des höchsten Erdenglücks, das im Besitz geliebter Kinder liegt, macht ihn verschlossen und teilnahmslos für Alles und er verwünscht von Tage zu Tage mehr ein Leben, das für ihn keine Freuden hat.

Die bisher genannten Beobachtungen betreffen fast sämtlich nur das männliche Geschlecht. Die nachteiligen Folgen der Ausschweifung im Genusse der sinnlichen Liebe und der Selbstbefleckung beim weiblichen Geschlecht sind jedoch nicht minder groß und erheblich, als bei dem männlichen, ja es scheint sogar manchen Ärzten, als ob dieses Laster den Körper des Weibes noch mehr zerrüttete, als den des Mannes.

Außer den schmerzhaften Folgen nämlich, welche das Laster der Selbstbefleckung und der Übergenuss sinnlicher Geschlechtslust beim männlichen Geschlecht erzeugt, entstehen bei dem weiblichen noch außerdem dadurch und zunächst Beschwerden in der Gebärmutter, unregelmäßiger Abfluss der monatlichen Reinigung, Verrückung der Gebärmutter aus ihrer naturgemäßen Lage und Senken derselben nach abwärts, ein Zustand, den man Vorfall der

Zweites Kapitel – „Onanieren macht Blind!"

Gebärmutter nennt; Geschwüre an der Gebärmutter, Verhärtung und Krebs derselben und die Mutterwut, die das Weib entmenscht und dem geilsten Tiere ähnlich macht. Außerdem findet man bei weiblichen Wollüstlingen sehr häufig Magenkrampf, Krämpfe aller Teile des Körpers, unheilbare Gelbsucht, Rückenschmerz und eigentümliche Schmerzen in der Nase und den weißen Fluss, einen Abfluss zähen, übelriechenden und die Schamteile und innere Fläche der Schenkel wund ätzenden Schleimes aus der Mutterscheide.

Im Angesichte, welches der Spiegel des Zustandes der Seele sowohl als des Körpers ist, wird man sehr bald die Zerrüttungen finden, in welche solche Personen ihren Körper gebracht haben. Die Fülle des Gesichts und die Lebhaftigkeit der Farbe verschwinden, Eigenschaften, welche der weiblichen Jugend und Anmut eigen sind und ohne welche auch die regelmäßigste Schönheit keine Anbeter findet. Die Haut wird spröde und rau, das Feuer der Augen erlischt, bleifarbene Ringe schimmern um die Augenlider und eine trübe Mattigkeit verrät die welkende Maschine, die Lippen werden bleich und die Zähne mit einem dunkelfarbigen Schleime bedeckt. Nicht selten nimmt der Körper eine ganz verkrüppelte Gestalt an und die Wirbelsäule krümmt sich, daher sagt schon *Friedrich Hoffmann*, dass, wenn junge Leute vor der Zeit ihres beendigten Wachstums sich den Lüsten der Liebe überlassen, dieselben nicht nur mager werden und aufhören zu wachsen, sondern sogar einkriechen und zusammenschrumpfen.

Auch *Tissot* bestätigt diese Behauptung durch eigene Beobachtungen. Im Angesicht, spricht derselbe, welches den Zustand der Seele und des Körpers genau abspiegelt, kann man oft sehr bald die Zerrüttungen wahrnehmen, welche ihrem Leben zu Teil geworden sind. Das volle runde Fleisch im Gesicht und die Lebhaftigkeit der Farbe verliert sich zuerst. Das Lenden oder Gliederreißen, welches man gewöhnlich englische Krankheit, Zweiwuchs oder doppelte Glieder nennt und von welcher Krankheit in der Regel nur Kinder befallen werden, auch dies ist eine Folge der Onanie bei beiden Geschlechtern. *Tissot* zählt Beispiele von beiden Geschlechtern auf, die bis zum 8., 12. und 16. Jahre schlank und gut gewachsen waren, denen aber das Laster nicht nur ihre regelmäßige Gestalt raubte, sondern ihren Rücken ähnlich dem eines Greises gekrümmt hatte. Diese Krümmung der Wirbelsäule und des ganzen Körpers hat etwas Eigentümliches, Zweiköpfiges, die Schultern sind sehr groß und eckig und von demjenigen, der sie oft beobachtet hat, sehr bald zu erkennen. Ein Mädchen, erzählt *Tissot*, welches bis zum 18. Jahre wohl und gesund gewesen war, wurde von außergewöhnlicher bedeutender Schwäche befallen. Die Kräfte verloren sich von Tage zu Tage mehr, es entstanden Schlaflosigkeit, Verlust des Appetits, Austreibung des Unterleibes. Der zugerufene Arzt schöpfte den Verdacht der Selbstbefleckung, das Benehmen der Kranken vermehrte den Argwohn und das endliche eigene Geständnis führte zur Gewissheit. Der Arzt überzeugte sie, dass ihre Krankheit allein aus dieser Ursache entstanden sei und die Heilung erfolgte bei Unterlassung des Geschehenen und dem Gebrauche einiger Arzneien.

Zweites Kapitel – „Onanieren macht Blind!"

Die Onanie wird denjenigen Mädchen am Nachteiligsten, welche mit einer krankhaften Anlage des Körpers entweder geboren oder dieselbe im Verlaufe des Lebens auf irgendeine Art erworben haben oder deren Körper durch überstandene Krankheiten, beschwerliche Anstrengungen u.s.w. geschwächt worden ist. Diejenigen, welche an Gicht, Anlage zu Schwindsucht und Auszehrung, an Epilepsie u.s.w. leiden, haben mit größter Gewissheit die Folgen von dieser Ausschweifung zu erwarten und alle Zufälle dieser Folgen werden bei ihnen viel schneller ausbrechen, ihr Ausbruch wird mit der heftigsten Erschütterung verbunden sein. Ja sie werden in der frühesten Jugendblüte schon alle Beschwerden des Greisenalters tragen müssen.

Eine Eigenheit der Onanie ferner, die man zwar bei beiden Geschlechtern, ganz vorzüglich aber bei dem weiblichen Geschlechte findet, ist die Kälte oder Gleichgültigkeit, ja wohl gar die gänzliche Abneigung gegen die natürliche Befriedigung der Geschlechtslust auf den ehelichen Beischlaf. Die schändliche Gewohnheit, durch solche unnatürlichen Reize sich selbst zu befriedigen, hält, wie Tissot sagt, viele Mädchen und Jünglinge zu einer Zeit, da sie sich noch verehelichen könnten, von der Ehe ab und ist die Ursache, dass so Viele im ehelosen Stande bleiben, sich unbewusst, dass Gesundheit und Leben durch unnatürliche Befriedigung ihrer Begierden zerstört werden. Da übrigens die Flüssigkeit, welche das weibliche Geschlecht im Genusse der Wollust verliert, minder edel und vollkommen ist, als der Samen des Mannes, so kann auch der Verlust derselben von ihnen länger ertragen werden, ohne dass die Folgen sich zeigen. Je länger aber und häufiger das Weib der Onanie oder dem Genusse der Wollust überhaupt sich ergibt, desto lebhafter werden die nachteiligen Folgen, weil der Bau der weiblichen Nerven viel zarter ist, als der des Mannes, und daher auch bei ihnen die durch das genannte Laster erzeugte Erschütterung des ganzen Körpers sehr in Betracht kommt. Der französische Arzt *Rozier* behauptet, dass die Onanie bei Frauenzimmern durch die Häufigkeit und Stärke der krampfhaften Zuckungen, welche mit der Vollziehung dieses Lasters verbunden sind, nicht selten eine beträchtliche Austreibung und Anschwellung des Halses erzeuge, wie man dieselbe bei Epileptischen beobachtet, dass bei mehreren die Haut sich gelb färbe, bei anderen flechtenartige Ausschläge auf derselben zum Vorschein kommen. Und der französische Arzt *Richerand* erzählt von einer Frau, die durch Onanie ein flechtenartiges Geschwür sich zugezogen, welches, nachdem sie die strengste ihr empfohlene Keuschheit beobachtet hatte, verschwand, sogleich aber wiederkehrte, als sie der Sünde von Neuem sich ergab. Auch können nach der Erfahrung vieler, besonders französischer Ärzte, zahlreiche schwämmchenartige Geschwüre auf der Oberfläche der Zunge und im Innern des Mundes sich erzeugen. Die Stimme wird rau, dumpf, schwach oder verliert wenigstens das ihr eigene Metall.

Rozier erzählt, dass er ein Frauenzimmer von 24 Jahren gekannt habe, welches an den traurigen Folgen der Selbstbefleckung gestorben, und von ihm bei dem ersten Besuche eher für ein Weib von 50 Jahren, als für ein noch im Blütenalter sich befindendes Mädchen gehalten worden sei.

Zweites Kapitel – „Onanieren macht Blind!"

Es sah niedergebückt, vorwärts gekrümmt und wie vernichtet aus, die Backenknochen waren hervorstehend, die Nasenspitze sah blass und bläulich aus, wie man sie oft im hohen Alter findet. Zwei große und tiefe Runzeln erstreckten sich von dem Nasenflügel jeder Seite bis zum Kinn abwärts, und verbreiten sich um den Mund und die Lippen, welche Letztere abwärts gezogen waren, und wobei der Mund stets offen stand. Die geringste Bewegung erschöpfte die Kranke. Sie vermochte nur wenige Worte mit leiser Stimme und auch diese nur sehr unterbrochen zu sprechen, dabei war der Körper im höchsten Grade abgemagert und die Beine sehr bedeutend angeschwollen.

Vogel erklärt, dass die unglücklichen Opfer dieses schändlichen Lasters bei dem männlichen sowohl als weiblichen Geschlecht allmählich alle Fähigkeiten verlieren, stumpfsinnig, albern, niedergeschlagen, träge und mürrisch werden, oft an Geistesabwesenheit leiden, unruhig und zerstreut und Letzteres besonders dann sind, wenn sie in Gesellschaft sich befinden. In Verlegenheit oder Angst geraten, wenn sie einem Kinde antworten sollen und dass er unter Anderem ein eheloses Frauenzimmer von 23 Jahren kenne, das in Folge seiner langen Bekanntschaft mit der Onanie vollkommen blödsinnig sei, mit sich umgehen und Alles mit sich vornehmen lasse, als ob es völlig leblos wäre, die Augen schließe, sobald es irgend einer Person ansichtig werde, den größten Teil des Tages mit vorwärts gebücktem Kopfe hinbringe und im Sitzen stets dieselbe Stellung annehme.

Ebenso müssen wir die Meinung *Vogels* unterschreiben, dass Krankheiten aller Art, welche Onanisten überhaupt und weibliche Selbstbefleckerinnen insbesondere befallen, immer den unregelmäßigsten Gang nehmen, der auch den geübtesten und scharfsinnigsten Arzt oft in die größte Verlegenheit seht. Die verworrene, teils übertriebene, teils unterdrückte Wirkung so vieler, gegeneinander strebender, und aus ihrem Gleichgewicht gebrachter Kräfte, die ungestümsten Reizungen einer versteckten oder mehr offenbaren Schärfe, das sich durch die halbgelähmten und an der allgemeinen Schwäche notwendig teilnehmenden Gefäße mit Mühe durchdrängende Blut, die ungewöhnliche Verschleimung des Darmkanals, welche durch die in Folge des Lasters gestörte Verdauung entsteht und unterhalten wird, vereinigen sich hier, den Verlauf jeder zustoßenden Krankheit auf mannigfache Weise zu stören und der Natur ebenso vielfache Hindernisse zur Besiegung derselben in den Weg zu legen.

Dazu kommt noch, dass solche Kranke viele gegen die Krankheit angezeigte Mittel nicht vertragen und daher auch in dieser Hinsicht äußerst schwer zu behandeln sind.

Es sei uns erlaubt, mit *Birey's* Worten über diesen Gegenstand das vorliegende Kapitel zu schließen.

Wie steht es endlich - so spricht dieser neue Apostel der Wahrheit - wie steht es um die Sitten unkeuscher Frauen?

Vereinigt sich nicht mit ihrer zügelloser Unzucht die Völlerei, der Diebstahl, Meineid, der schwarze Verrat, die Verstellung und Treulosigkeit? Sie sind niedrig und kriechend aus Eigennutz, verschwenderisch und übermütig, wenn das Glück sie aufbläht, Grillen und lächerliche Sonderbarkeiten vereinigen sie mit Unbeständigkeit, in ihrer Rache kennen sie keinen Zügel und begehen Verbrechen, ohne zu erröten. Denn wenn das Weib die Scham verloren hat, vermag keine Schranke mehr sie zurückzuhalten und selbst der wollustatmende römische Dichter *Ovidius* sagt von ihnen: Sparsamer und weniger feurig ist die Begierde des Mannes und eine bestimmte Grenze hat die männliche Liebesflamme.

Drittes Kapitel
–
Von den Ursachen, weshalb die Selbstbefleckung schädlicher und gefahrvoller ist, als der Beischlaf

Es ist im vorigen Kapitel zu wiederholten Malen davon die Rede gewesen, dass die dort beschriebenen Folgen der sinnlichen Geschlechtslust vorzugsweise und mit ganz vorzüglicher Heftigkeit den Selbstbeflecker treffen und dass die übermäßige Samenverschwendung durch den Beischlaf immer noch weniger gefahrvoll und schädlich sei, als die durch Onanie. Die Ursachen davon sind ebenso bedeutend und erheblich als mannigfach und wir wollen dieselben im gegenwärtigen Kapitel ausführlicher besprechen.

Der erste Grund liegt ohne Zweifel darin, dass der Onanist zur Vollziehung des Lasters sich selbst reizen muss, indem er seine Phantasie zwingt, sich wollüstige Bilder zu schaffen, durch solche sich einen Reiz bildet, und auf diese Weise der Natur, die sich in der tiefsten Ruhe befindet, eine Äußerung abdringt. Unter dieser gezwungenen Tätigkeit müssen in jedem Fall die gesamten Nerven leiden und durch die unnatürliche Anstrengung geschwächt werden. Nicht so der Beischlaf. Er wird durch einen äußeren Gegenstand hervorgerufen, ist daher nicht nur kein Zwang, sondern vielmehr eine freie Zuneigung.

Der Reiz zum Beischlaf wirkt da, wo er nicht zu oft, bei ungeschwächter Körperkraft, und durch weibliche Wesen angefacht wird, für welche man Zuneigung und Liebe

Drittes Kapitel – „Onanieren macht Blind!"

empfindet, vorteilhaft auf die Nerven und bringt ein allgemeines körperliches Wohlbehagen hervor, das den höchsten Grad von Wohlbefinden ausdrückt. Daher spricht *Samtorius*: ein mäßig genossener Beischlaf ist nützlich, nur muss ihn die Natur ganz allein durch sich selbst hervorbringen. Ist er dagegen nur die Folge einer verwöhnten Einbildungskraft, so schwächt er Seele und Körper, ganz vorzüglich aber das Gedächtnis. Eine Wahrheit, die kaum eines Beweises bedarf!

Ein gesunder Mann kann nur dann auf naturgemäße Weise zum Beischlafe gereizt werden, wenn in seinen Samenbläschen eine so reichliche Menge Samen sich angesammelt hat, dass dieser darin hinlänglich gereift ist.

Dann kann der Körper durch die Samenentleerung nicht geschwächt werden. Es stehen aber die Zeugungsteile mit der Phantasie in der genauesten Verbindung, so zwar, dass nicht allein der Samenüberfluss die Begierde nach dem Beischlafe erregt, sondern auch die Einbildungskraft dadurch, dass sie den vorigen Genuss erneuert, die Begierden so rege machen kann, dass die Zeugungsteile auch ohne genügsamen Samen dennoch in den zur Begattung nötigen Zustand versetzt werden und die Begierden der Phantasie den Menschen zur Vollbringung anspornen, woraus für den Körper nur Nachteil entstehen kann, weil die ganze Verrichtung nicht aus den Kräften der Natur hervorgegangen ist. Nicht die Natur reizt den Onanisten, sich den Samen zu entlocken, die Phantasie allein nötigt ihn, der Natur das zu entwenden, was als das heiligste Bedürfnis am Sorgfältigsten zu Rate gehalten werden sollte.

Ein zweiter Grund der größeren Schädlichkeit der Onanie liegt darin, dass zum Beischlafe die Gegenwart, zum Selbstbeflecken dagegen nur die Rückkehr des Vergangenen reizt und auffordert.

Der Onanist kann nur genießen, was er bereits genossen hat. Es ist eine Wiederholung, keineswegs aber eine Erneuerung des Genusses, wie sie der nicht übermäßige und naturgemäße Beischlaf gewährt. Eine stete Wiederholung aber schwächt schnell, weil Nichts von dem zugegen ist, was den Verlust bei der Erneuerung des Genusses unschädlich macht. Ist die Gewohnheit einmal Herr über dieses Laster geworden, so geben Seele und Leib einen beständigen Reiz ab, das gewohnte Verbrechen stets zu erneuern.

Die Seele ist verwöhnt, nur an unreine Begierden zu denken und denkt sie auch auf Augenblicke ernsthafter, so kitzeln die an die Ausleerung gewöhnten und daher für die Aufbewahrung im Körper untauglich gewordenen Säfte in den Zeugungsteilen und nötigen sich in das alte Laster von Neuem zu verstricken. Die Gewohnheit zu fehlen wird immer mächtiger, die Stimme der Vernunft schwächer und der unglückliche mit dem Laster so vertraut, dass er sich seiner nicht mehr entschlagen kann. Überall hin verfolgt ihn die böse Gewohnheit und setzt ihn an jedem Orte und zu allen Zeiten in einem Grade zu, dass auch bei den heiligsten Vorsätzen, selbst bei den frömmsten Handlungen der Religion, ihm doch nur geile Gedanken einfallen und ihn zu reizen suchen. Alle seine Gedanken werden am Ende nur auf Wollust gerichtet und er wird dadurch so entkräftet, dass eine Neigung zu allen Formen der Nervenkrankheiten in ihm entsteht und alle Fähigkeiten des Körpers und Geistes völlig

Drittes Kapitel – „Onanieren macht Blind!"

zerstört und vernichtet werden. Der Beischlaf kann nicht nachteilig auf die Phantasie wirken, weil dabei keine Vorstellungen erzwungen werden, während das Hervorrufen wollüstiger Bilder die Phantasie zügel- und regellos macht, wodurch notwendig auch eine Regellosigkeit in den Verrichtungen der Nerven entstehen muss. Findet die Verrichtung der Onanie ohne Zutun wollüstiger Bilder statt, so muss der Schaden, der aus ihr erwächst, umso größer sein, nicht nur für die Zeugungsteile selbst, sondern auch für den ganzen Körper. In jedem Fall muss daher allgemeine Schwäche auf die Selbstbefleckung folgen, jeder edlere Teil des Körpers durch dieselbe in einen kranken Zustand versetzt und der Körper nach und nach zerstört werden. Insbesondere aber ist es bei dem weiblichen Geschlechte die Mutterwut, welche durch häufige Wiederholung der Onanie sehr leicht erregt werden kann.

Die Selbstbefleckung erfordert ferner weit größere körperliche Anstrengung der Zeugungsteile, als der Beischlaf und schwächt daher dieselben weit mehr, als dieser. Denn es fehlt zur Vollendung der Onanie das Mitgefühl, es fehlt jener die Nerven in Tätigkeit sitzende Reiz, welcher denselben schnell vollbringen hilft. Ein erzwungenes wollüstiges Bild ist höchstens die armselige Nothilfe, während der Beischlaf schneller zu Ende geht, weil mehrere Umstände zur Erregung der Nerven beitragen und günstig auf dieselben wirken. Dieser folgt daher öfters ein schmerzhaftes Ziehen im männlichen Gliede, welches sich tief erstreckt und nicht selten schwillt davon sogar die Vorhaut. Daher muss die Onanie schnell das Unvermögen zur Zeugung nach sich ziehen und unwillkürlicher Samenerguss weit eher der Onanie, als dein übermäßigen Beischlafe folgen. Ein bisweilen und besonders im höheren Alter sehr drohender Zufall ist das Unvermögen, den Urin zurückzuhalten, wozu nicht selten die Onanie in der Jugend den Grund legte.

Ein vierter Grund der größeren Schädlichkeit der Onanie liegt in der durch den unnatürlichen oft wiederholten Reiz entstehenden Entkräftung der Geschlechtsteile selbst. Hierdurch fließen die edlen Säfte des Körpers häufiger nach den also gereizten Teilen, daher in den übrigen Mangel an Leben und Kraft entsteht und die sonstigen Verrichtungen des Körpers nur unvollkommen von Statten gehen. Durch diese stete Überspannung und den beständigen Reiz der Zeugungsteile werden dieselben endlich so erschlafft, dass sie zur Begattung ganz unfähig sind und ein beständiger Samenfluss entsteht, denn die Samenbehälter verlieren alle Kraft, den unreifen Samen, so wie er aus den Hoden in dieselben gebracht wird, zurückzuhalten und lassen ihn sogleich von sich fließen.

Ein fünfter Grund der größeren Schädlichkeit der Onanie liegt in der öfteren Wiederholung des Lasters. Diese ist aber besonders in der Leichtigkeit, mit der dieses Laster vollzogen werden kann, begründet. Die Mittel zur Ausführung sind ebenso schnell vorhanden, als die Idee dazu. Während der Beischlaf noch einer zweiten Person bedarf, die erst aufgesucht und dazu geneigt sein muss. Dadurch aber, dass die Gelegenheit zur Ausübung der Onanie mit keiner Schwierigkeit und keinen Umständlichkeiten verbunden ist,

Drittes Kapitel – „Onanieren macht Blind!"

werden die betreffenden Teile um so öfter gereizt und geschwächt, so dass zuletzt auch ohne äußere Berührung, doch eine beständige regelwidrige Tätigkeit in ihnen herrscht, wodurch ein beständiger Reiz zur Samenentleerung entsteht.

Schädlicher als der Beischlaf ist die Onanie sechstens auch darum, weil dieselbe sehr oft im Stehen oder Sitzen vollzogen wird, während der Beischlaf in liegender Stellung des Körpers stattfindet. Im Stehen und Sitzen aber werden mehrere Muskeln und der ganze Körper überhaupt mehr angestrengt, daher auch die Nerven mehr geschwächt, als im Liegen. Schwächliche Menschen können nicht lange auf einem Flecke stehen, ohne große Schwäche zu empfinden, Kranke können nur mit großer Beschwerde sitzen. Größer muss daher die Erschöpfung sein, wenn der Samenerguss im Stehen oder Sitzen, als wenn sie in horizontaler Lage des Körpers vollzogen wird, darum ist auch der Beischlaf weit nachteiliger, wenn das Erstere der Fall ist und es behauptet schon *Sauctorius*, der Beischlaf im Stehen sei ungemein nachteilig und schwäche durch die zu heftige Abspannung der Nerven und Muskeln.

Dies führt uns siebentes auf eine fernere Ursache der größeren Nachteile der Onanie. Wir haben in der Einleitung ausführlich davon gesprochen, dass der Körper des Menschen beständig durch die Haut ausdünste und in jedem Augenblicke durch die kleinen Öffnungen in der Letzteren eine bedeutende Menge von Flüssigkeiten aus dem Körper entweiche, während anderseits dagegen fortwährend auch aus allen Dünsten, die uns umgeben, eine Menge derselben durch die Haut eingesogen, und dem Körper zugeführt werde. Stärkere Menschen dünsten mehr aus, schwächere dagegen saugen aus der umgebenden Luft desto mehr ein und da starke und gesunde Körper auch gesunde und stärkende Teile, d. h. solche ausdünsten, welche noch ernährenden Stoff in sich enthalten, so erklärt sich hieraus, wie das Mädchen, welches dem an Kraft abnehmenden Könige David zur Beischläferin gegeben ward, ihm neue Kraft und Stärke mitteilen konnte und wie der alte Bürgermeister zu Amsterdam, den der berühmte Arzt *Boerhave* zwischen zwei jungen Leuten schlafen ließ, sichtbar an Kraft und Munterkeit zunahm. Während des Beischlafes nun wird durch den sehr vermehrten Umtrieb der Säfte die Ausdünstung umso mehr vergrößert. Allein hier ist Verlust und Gewinn auf beiden Seiten, denn jeder der Teilnehmenden saugt wieder etwas von den Teilen ein, die der Andere dabei verliert, während dagegen bei der Selbstbefleckung nur verloren wird, ohne etwas dafür wieder zu erhalten oder zu gewinnen.

Die Onanie begrenzt ferner denjenigen, der ihr ergeben ist, auf sich selbst und zieht ihn von der Gesellschaft ab, während der Beischlaf im Gegenteile denselben den Menschen nähert und einer bloßen Beschränkung auf sich selbst entreißt.

Ein achter Grund der größeren Verderblichkeit der Onanie. Durch die Zufriedenheit mit seiner eigenen körperlichen Person bringt dieselbe den größten Nachteil. Diese

Drittes Kapitel – „Onanieren macht Blind!"

Zufriedenheit bildet sich unmerklich, ist von dem auf sie folgenden Hange zur Einsamkeit unzertrennlich und der Onanist muss daher nach und nach
menschenscheu, geizig, lasterhaft und bis auf einen gewissen Grad verrückt werden, während der naturgemäße eheliche Beischlaf vielmehr zur Veredelung des Herzens, zu moralischer Besserung und zu größerer Teilnahme an dem Schicksale der Mitmenschen leitet. Der Onanist muss den Weg zum Verderben seines Körpers und sittlichen Charakters wandeln, während der Verehelichte durch das Band der Ehe näher an die Menschheit geknüpft ist und dem Ziele seiner moralischen Bestimmung zugeführt wird. Der Onanist entbehrt den Genuss des Umganges mit dem weiblichen Geschlechte und es ist gewiss, dass, wenn Mann und Weib aus genauer Seelenharmonie zu dem feurigsten Ausbruche der Liebe verleitet werden, diese Liebe gar sehr von der gemeinen Wollust verschieden ist, welche der Mensch auch mit dem vernunftlosen Tiere gemein hat. Eine solche Wollust aber, die aus der zärtlichsten Mitteilung entsteht, ist auch Genuss für die Seele, ein Genuss, welcher die Verdauung befördert, den Umtrieb des Blutes und der Säfte erleichtert, alle Verrichtungen des Körpers begünstigt, die Kräfte ersetzt und daher stärkt. Wird nun der Genuss der Wollust mit dem geistigen Vergnügen der Liebe verbunden, so haben Geist und Körper für den gemeinschaftlichen Verlust auch gemeinschaftlichen Ersatz.
Darum wird auch nicht leicht ein Hagestolz so alt, als ein zärtlicher Gatte und darum können Onanisten, wenn sie nur so weit sind, dass sie sich verlieben können, durch den Beischlaf aus zärtlicher Übereinstimmung gestärkt und oft

von ihrem Laster geheilt werden. Schon *Sanctorius* behauptet daher, dass, wenn man auch im Genusse der Liebe bei einem angenehmen Weibe, nach dessen Besitz man längst schon geschmachtet, etwas zu reichlich genießen sollte, man dennoch weniger ermüdet werde, als man nach einer solchen Anspannung wohl vermuten sollte, denn der Genuss, welchen die Seele dabei habe, erhöhe die Kraft des Körpers so, dass das ganze Leben gestärkt werde. Auch der alte Kirchenvater *Ehrnsostomus* glaubt, dass die Sünde der Wollust viel größer sei, wenn man nur den ersten besten Gegenstand dazu nehme und sich also gegen die Natur vergehe, als wenn die Natur mit allen möglichen Reizen dazu einlade und auffordere.

Die letzte Ursache endlich, welche die Selbstbefleckung im Vergleich mit den Ausschweifungen in der Liebe gefahrvoller macht, ist die beschämende Reue, welche natürlich auf ein solches Vergehen gegen die Natur folgen muss, wenn endlich die üblen Folgen derselben dem Sünder die Augen öffnen, ihm die Abscheulichkeit des Verbrechens und die Gefahr, in die er sich gebracht, vor die Seele führen. Unglücklich ist gewiss derjenige, der sein Vergnügen als ein schändliches Verbrechen gegen sich selbst betrachten muss und ist Jemand in diesem Falle, so sind es gewiss Alle, welche der Selbstbefleckung stöhnen. Enthüllt sich das Laster und wird ihnen ihr Verbrechen deutlich, so malt ihnen ihr Bewusstsein dasselbe mit den lebhaftesten Farben vor. Sie fühlen, dass sie ein Verbrechen begehen, einer Todsünde sich schuldig machen, einer Sünde, welche schon die Heiden als eine der

Drittes Kapitel – „Onanieren macht Blind!"

schändlichsten ansahen und von welcher der heidnische Dichter *Martial* sagt:

Wähne ja nicht, dass die Selbstbefleckung etwas Geringes sei! Glaube mir, sie ist ein schreckliches Laster, dessen Hässlichkeit kaum ihres Gleichen hat; es ist größer, als dass deine Denkungskraft dir die Hässlichkeit desselben groß genug schildern könnte!

Die Scham, welche diesem höchst widrigen Laster notwendig folgen muss, vergrößert das Elend solcher Unglücklichen noch mehr. Wenn nun zwar leider die Unverschämtheit in allen Gegenden der Erde so überhand genommen hat, dass man den außerehelichen vertrauten Umgang mit dem zweiten Geschlecht gar nicht mehr für etwas der Sittlichkeit Zuwiderlaufendes ansieht, sondern denselben als zum Ton oder zur Tagesordnung gehörig betrachtet, es nicht unanständig findet, laut zu bekennen, dass und wie sehr man mit Weibern oder Dirnen ausgeschweift habe. So wird und will dagegen der Onanist gewiss nie es sich nachsagen lassen, oder bekennen, dass er das Laster ausübe oder ausgeübt habe. Jeder muss dasselbe als tiefes Geheimnis in sich selbst verschließen, ein Umstand, der allein schon hinreicht, ihm die Größe seines Verbrechens fühlbar zu machen, denn nur die Sünde scheut das Licht. Gewiss ist schon Mancher dieser Unglücklichen nur darum eines elenden Todes gestorben, weil er sich schämte, die Ursache seines Unglückes zu bekennen. Darum bemächtigt sich endlich tiefe Trauer und nagende Reue derselben. Eine so anhaltende niederdrückende Leidenschaft aber, als es die Traurigkeit und die Reue sind, zieht allein schon, auch abgesehen von dem geschwächten Körper, die übelsten Folgen für

Gesundheit und Leben nach sich, wobei noch des Umstandes gedacht werden muss, dass der Onanist durchaus keine Ursache finden kann, sein Vergehen zu entschuldigen. Daher die Erschlaffung der Muskeln, die Hemmung des Kreislaufes, die geschwächte Verdauung, die mangelnde Ernährung des Körpers, daher endlich die Beängstigungen, die Hypochondrie, die Krämpfe, Zuckungen und Lähmungen der Selbstbeflecker, als Folgen des Lasters überhaupt und der eben erwähnten Leidenschaften insbesondere. Dass auch Melancholie, so schreibt *Salzmann* in seinem Buche über die heimlichen Sünden der Jugend, dass auch Melancholie endlich die herbe Frucht sein müsse, welche diese Ausschweifung hervorbringt, lehrt die Natur der Sache. Die Onanie ist eine Sünde gegen die Natur, sie ist kein natürliches, sondern ein künstliches Bedürfnis. Leicht gerät man auf diesem Irrwege in den traurigsten Zustand, dass man in ewiger Nacht wandelt, dass alle fröhlichen Aussichten in die Zukunft verschwinden, auf allen Seiten Schreckbilder sich zeigen und jede kleine Gefahr in Riesengestalt erscheint. Noch mehr genährt wird diese Melancholie durch das Gefühl des Elends und das Bewusstsein, sich dasselbe selbst zugezogen zu haben. Sie führt, wenn man ihr nicht frühzeitig genug vorbaut und sie durch geeignete Mittel zu mäßigen sucht, am Ende zur Verzweiflung. Wer es weiß, dass er seine Natur zerrüttet und seine Nerven geschwächt habe, wie geneigt wird der sein, alle seine körperlichen Schmerzen, alle Krankheiten, die ihm zustoßen, alles Elend, das er in seiner Nachkommenschaft erblickt, nur seinen Ausschweifungen zuzuschreiben und wie schwer ist es, einen Solchen zu beruhigen und vom Gegenteil zu überzeugen! Sollte nicht die

Drittes Kapitel – „Onanieren macht Blind!"

Hypochondrie, welche in unseren Tagen so sehr um sich greift, größtenteils auch aus dieser unseligen Quelle entspringen? Fern sei zwar von mir die Lieblosigkeit, alle Hypochondristen für Onanisten halten zu wollen, denn die Quellen dieses Leidens sind mannigfach. Aber bedenklich ist es doch, dass die Hypochondrie fast in demselben Grade, als jene Seuche, sich verbreitet. Nach den Zeugnissen, die ich in Händen habe, hat ein großer Teil der Gelehrten seine Jugendkräfte verschwendet, der größte Teil ist Hypochondrisch, und wird es daraus nicht wenigstens wahrscheinlich, dass bei den Meisten derselben jenes Übel aus dieser unheilvollen Quelle, wo nicht ganz, doch zum Teil, entsprungen sei?

Viertes Kapitel
–
Von der Art und Weise, wie die nachteiligen Folgen der Selbstbefleckung gemindert und gehoben werden können

Es gibt kein irgend denkbares Leiden des Körpers, welches sicher und dauerhaft gehoben werden könnte, ohne dass zuvor und vor allen Dingen die Ursache seiner Entstehung beseitigt worden wäre. So auch die Folgen der Onanie, und es ist daher die erste Bedingung für die Heilung oder wenigstens Milderung der oben beschriebenen nachteiligen Zufälle der Selbstbefleckung die Vermeidung und gänzliche Unterlassung dieses Lasters. Eine Aufgabe, die allerdings schwer, sehr schwer, doch keineswegs unmöglich ist. Tief schlägt die Gewohnheit ihre Wurzeln in das Herz der Onanisten und einen schweren Kampf kostet es, eine Begierde zu besiegen, die durch langjährige Gewohnheit zu viel Kraft über den Willen sich errungen und die besten Kräfte des Leibes sowohl als der Seele verzehrt hat. Allein unmöglich ist der Sieg in diesem Kampfe nicht und er wird errungen, wenn dieser Kampf, dass ich mit *Salzmanns* Worten rede, mit Gott begonnen und fortgeführt wird.

Niemand, der reines Herzens ist, wird den Trost hinweg leugnen können, der im Gebete liegt, das Gefühl des Lichtes und der Kraft kommt durch dasselbe oft wunderbar von oben und mit ihm muss der Vorsatz der Besserung gefasst werden. Enthaltsamkeit ist eine schwere Tugend, aber eine Tugend, deren Lohn überschwänglich ist, dass die Übung

Viertes Kapitel – „Onanieren macht Blind!"

derselben möglich sei, beweisen die Erfahrungen der Ärzte und *Hufeland* versichert, dass er mehrere Beispiele wackerer Männer hier anführen könnte, die ihren jungfräulichen Bräuten auch ihre volle Manneskraft zur Mitgabe brachten. Die nachteiligen Folgen, welche man sich von einer solchen Enthaltsamkeit träumt, sind wahrhaft leere Träume, denn nicht zur Ausleerung bloß, sondern auch noch zur Wiedereinsaugung ins Blut und zur Stärkung und Befestigung des ganzen Körpers ist der männliche Samen von der Natur bestimmt. Dies vorausgeschickt wollen wir nun die bewährtesten Mittel zur Vermeidung und Unterlassung der Onanie in Kürze mitteilen. Sie sind folgende:

1) Der Selbstbeflecker fliehe die Einsamkeit. Durch sie erhält die Begierde Kraft, ihn von Neuem zu besiegen und ist dies einmal wieder geschehen, so kostet es umso mehr Mühe, von Neuem dagegen zu kämpfen. Die Einsamkeit ist der Onanie besonders günstig, unter ihren Flügeln hat die Phantasie vollkommene Freiheit, die der Seele sich aufdringenden wollüstigen Vorstellungen recht lebhaft auszumalen und ihnen einen Reiz zu geben, der die Begierde bis zur Wut steigern kann.

2) Er denke sich die Gefahren und Folgen der Onanie stets recht lebhaft. Er erinnere sich immer, dass Nichts den Sinn für hohe und edle Gefühle so sehr abstumpft, Kraft und Festigkeit des Geistes raubt und den Körper schneller zerstört, als die Ausschweifungen der Wollust.

3) Er lebe mäßig und meide den Genuss nahrhafter, vieles Blut erzeugender und reizender Dinge, z. B. vielen Fleisches, der Eier, Schokolade, des Weins, der Gewürze u.s.w.

4) Er mache sich täglich starke körperliche Bewegung, um sich zu ermüden, wodurch die Kräfte und Säfte des Körpers gehörig verarbeitet und die Reize von den Zeugungsteilen abgeleitet werden. Er arbeite, und er wird sicher bleiben gegen die Anfechtung seiner bösen Gewohnheit. Er beschäftige den Geist mit ernsten Gegenständen, die denselben von der Sinnlichkeit ableiten.

5) Er gewöhne sich früh aufzustehen, denn der Aufenthalt in warmen Federbetten, zumal des Morgens, ist eine gefährliche Lockung zum Laster der Onanie und dies schon deshalb, weil Einsamkeit damit verbunden ist, noch mehr aber dadurch, dass der Körper dadurch erhitzt und verweichlicht wird. Am Besten und Zweckmäßigsten wird der mit dem Vorsatze der Besserung umgehende Onanist tun, die Federbetten ganz zu meiden, lieber auf einer bloßen Matratze zu schlafen und mit einer leichten wollenen Decke sich zu bedecken.

6) Er vermeide Alles, was die Phantasie erhitzen und sie auf Wollust richten kann. Dahin gehören schlüpfrige Unterhaltungen, das Lesen frivoler und wollüstiger Bücher, gewisse Arten des Tanzes u.s.w. Er trenne sich von seinen lasterhaften Gefährten, die über Sünde scherzen und über entnervende Laster, wie über eine unschuldige Ergötzlichkeit lachen und suche dagegen den Umgang mit redlichen,

Viertes Kapitel – „Onanieren macht Blind!"

tätigen und sittlichen Menschen. Er entziehe sich dem Lesen solcher Schriften, die in ihm ein Schmachten nach sinnlichem Genuss erregen. Zu ihnen zählen wir zunächst viele lateinische und griechische Schriftsteller, z.B. die Verwandlungen des Ovidius und dessen Bücher der Liebe, bei deren Lesung wohl mancher gesetzte Mann zur Wollust verleitet werden kann, ja selbst der vielgelesene Horatius, Suetonius und Terrentius enthalten manche schlüpfrige und anstößige Stelle. Ebenso meide man insbesondere unsere gewöhnlichen Romane, welche bloß geschrieben sind, die Einbildungskraft zu spornen und der Sittlichkeit und Unschuld unersetzlichen Schaden bringen. Was wir vom Lesen der Bibel (wenigstens mancher Stellen) halten, mag unerwähnt beiden. Wir kennen das Beispiel eines Jünglings, der bei dem festesten Vorsatz die Sünde zu meiden, durch das Lesen dieses nur für den gereiften, festen Verstand und das reine Herz geschriebenen Buches von Neuem wieder in die Sünde zurückfiel. Auch der Anblick wollüstiger Gemälde muss vermieden werden und hat je irgendein Vergnügen der Erde auch in dieser Hinsicht des Unheils viel angerichtet, so ist es der Tanz.

7) Der Onanist sei auf der Hut gegen die Schwermut, eine Furie, welche ihn gern verfolgt. Sie flattert gleich einem bösen Geiste über dem Abgrunde, in welchem er versunken ist und es bleibt kein anderes Mittel, sich ihrer zu erwehren, als ihr Trotz zu bieten, die Kräfte, die man noch übrig hat, zusammenzunehmen, ihr damit entgegen zu arbeiten und einen Boden zu erreichen, auf welchem der Fuß fest steht. Zwar predigt jene Schwermut unaufhörlich ihm zu, dass

seine Freuden dahin und seine kommenden Tage Tage der Trauer und Wehklage sein werden. Allein nur das Beharren in der Sünde lässt den Sünder verzweifeln. Wer die Fesseln des Lasters mit Kraft zerreißt und die Wege der Tugend betritt, dem ist dadurch wenigstens die Freude der Besserung geworden, eine Freude, welche des Genusses wohl wert ist. Und gesetzt, der Onanist müsste lebenslang die höchste und reinste Freude des irdischen Daseins, die Vaterfreude, entbehren, so bleiben doch noch andere ihm übrig, die zu genießen er Hoffnung und Aussicht hat, wenn er das Laster meidet und deren Genuss er um so eifriger suchen muss, je mehr jene von ihm verscherzt worden sind, z.B. die Freude der Amtstreue, des Wohltuns, das Gefühl wiedererworbener Gesundheit, das er nur sich allein verdankt.

8) Endlich gibt es noch einen Beweggrund, das Laster zu meiden, dessen Kraft bei sonst gutgearteten Menschen ungemein groß ist. Der Onanist denke an seine künftige Gattin und an die Pflichten, die er ihr schuldig ist und sein wird. Der Gedanke an die, der wir einst unsere Hand geben wollen, von der wir Treue, Tugend und feste Anhänglichkeit erwarten, ist ein großer Beweggrund zur eigenen Enthaltsamkeit und Reinheit. Wir müssen, wenn wir einst ganz glücklich sein wollen, für unsere künftige Gattin schon im Voraus Achtung empfinden, ihr Treue und Liebe geloben und halten und uns ihrer würdig machen. Wer in allen Wollüsten sich herumgewälzt und sich dadurch entehrt hat, kann keine tugendhafte und rechtschaffene Gattin verlangen. Er kann nie mit reinem Herzen lieben, nie Treue

Viertes Kapitel – „Onanieren macht Blind!"

geloben und halten, wenn er sich nicht vom Anfange an diese reinen und erhabenen Empfindungen gewöhnt, sondern sie zur tierischen Wollust erniedrigt hat. Dies führt uns von selbst auf die Notwendigkeit, hier mit wenigen Worten der Ehe zu gedenken. Es ist Eins der schädlichsten und verderblichsten Vorurteile, die Ehe als eine bloß politische Verbindung zu betrachten, sie ist vielmehr eine der wesentlichen Bestimmungen des Menschen und ein unentbehrlicher Teil der Erziehung des Menschengeschlechts. In der innigen Verbindung zweier Personen verschiedenen Geschlechts zur gegenseitigen Unterstützung Erzeugung von Kindern und deren Erziehung liegt der Hauptgrund häuslicher und öffentlicher Glückseligkeit. Sie ist unentbehrlich zur sittlichen Vervollkommnung des Menschen. Durch die innige Verkettung seines Wesens mit einem andern wird die Eigenliebe, der gefährlichste Feind aller Tugend, am Besten überwunden, der Mensch immer mehr zur Veredlung seiner selbst und zum Mitgefühl für Andere geführt; sein Weib und seine Kinder knüpfen ihn an die übrige Menschheit und an das Wohl des Ganzen mit unauflöslichen Banden; sein Herz wird durch das Gefühl ehelicher und kindlicher Zärtlichkeit stets genährt und erwärmt und gegen die Alles tötende Kälte geschützt, welche so leicht des allein stehenden Menschen sich bemächtigt, und die süße Vatersorge legt ihm Pflichten auf, die seinen Verstand an Ordnung, Arbeit und eine vernünftige Lebensweise gewöhnen. Der Ehestand ist das einzige Mittel, dem Geschlechtstriebe Ordnung und Bestimmung zu geben, er mäßigt und regelt den Genuss desselben, denn eben das, was den Wüstling oft vom

Ehestande zurückschreckt, das Einerlei nämlich, ist sehr heilsam und notwendig, weil es die durch ewige Abwechslung der Gegenstände immer erneuerte und daher desto mehr schwächende Reizung verhüten.

Alle Menschen, die der Erfahrung zufolge ein ausgezeichnet hohes Alter erreichten, waren verheiratet. Der Ehestand gewährt endlich die reinste, gleichförmigste und am Wenigsten ausreibende Freude des Lebens, die häusliche. Durch Mitempfindung eines zweiten Wesens wird Alles gemildert und gemäßigt, kein anderes Verhältnis in der Welt kann die zarte Pflege und Wartung der Gattenliebe ersetzen und für die Dauer so versichern und keine Freude ist größer, als die des Besitzes wohlerzogener und gesunder Kinder und die wahrhafte Verjüngung, welche ihr Umgang uns gewährt. Wir fangen als Kinder an und enden als Kinder, wir selbst kehren zuletzt in den schwachen und hilflosen Zustand der Kinder wieder zurück, wir brauchen dann selbst wieder Eltern und unsere Kinder treten dann gleichsam in die Stelle derselben und freuen sich, einen Teil der Wohltaten vergelten zu können, welche wir ihnen erzeugt haben; während der Hagestolz dieser weisen Einrichtung der Natur sich selbst verlustig macht, gleich einem entlaubten Stamme einsam und verlassen dasteht und durch gedungene Hilfe und die Pflege des Mietlings vergebens die Stütze und Sorgfalt sie zu verschaffen sucht, die nur das Werk des Naturtriebes und Naturbandes sein kann.

Der Onanist denke stets lebhaft an diese Freuden und Vorteile der ehelichen Verbindung, er folge streng den hier mitgeteilten Vorschriften und er wird bald dahin gelangen,

Viertes Kapitel – „Onanieren macht Blind!"

ein Laster zu meiden, welches ihn ins Verderben stürzt und zu Grunde richtet.

Wir gehen nun zur Beschreibung der Art und Weise über, aus und durch welche die oben beschriebenen Folgen der Selbstbefleckung gemildert und gehoben werden können.
Die durch Onanie entstandenen Übel haben nun zwar kein sicheres Heilmittel und die Erfahrung hat gelehrt, dass sie, wenn sie eine große Höhe erreicht haben, schwer zu mildern, ja oft gar nicht mehr zu heben sind. Allein dem ungeachtet können wir der tröstenden Versicherung uns nicht enthalten, dass die Leiden und Gebrechen, welche der Onanie folgen, dann gewiss oft gemindert und beseitigt werden können, wenn die erste und einzige Bedingung dieser Minderung und Heilung, die eben besprochene Unterlassung des Lasters, gewissenhaft erfüllt wird. Geschieht dies im Gegenteile nicht, so sind jene Übel auch dann, wenn sie noch nicht sehr bedeutend sind, unheilbar und *Hippokrates* hat Recht, wenn er solchen Kranken den Tod verkündigt und *Boerhaave* bemerkt mit Grund, dass eine solche Krankheit eine jämmerliche sei, er sie zwar oft behandelt, doch nie Viel dagegen ausgerichtet habe. Schwierig ist die Heilung allerdings und erfordert von Seite des Kranken und des Arztes eine seltene Geduld und Ausdauer, denn eine Krankheit, welche durch jahrelange Ausschweifungen entstanden ist, kann nicht in kurzer Zeit wieder geheilt werden. Doch liegt sie, so lange jene Zufälle nicht einen bedeutenden Grad erreicht haben, unserer eigenen sowohl als der Erfahrung anderer Ärzte zufolge, innerhalb der Grenzen der Möglichkeit. Indem wir daher nun die

zweckmäßigste Art dieser Heilung angeben wollen, sprechen wir zunächst von den diätischen Mitteln, inwiefern dieselben zur Heilung beitragen können und dann erst von den eigentlichen Arzneimitteln, insofern es deren gibt, welche im Stande sind, die auf solche Weise verlorene Gesundheit wiederherzustellen.

Zu den diätetischen Mitteln gehört aber nicht allein der Genuss zweckmäßiger Speisen und Getränke, sondern außerdem noch die Lust, die Kleidung, der Schlaf, die Leidenschaften und ein geregeltes Verhältnis zwischen Bewegung und Ruhe des Körpers.

Wie notwendig die Luft zum Leben überhaupt sei, bedarf keiner Beweise. Allein die Luft ist sehr verschieden und nicht jede ist tauglich zu einem gesunden Leben. Wem ist das Widrige der Luft in einem von vielen Menschen bewohnten Zimmer, am Ufer eines schlammigen Flusses, in tief liegenden, von hohen Bergen eingeschlossenen Ortschaften nicht aufgefallen?
Die Luft ist reiner beim Aufgange als beim Untergange der Sonne, anders vor als nach dem Regen. Auf Niemanden aber hat die Luft einen so großen Einfluss, als auf Schwächliche und Geschwächte und zu diesen gehört der Onanist, dessen körperlicher Zustand auf allgemeiner Erschlaffung der Muskelfasern, gänzlicher Schwäche der Nerven und Verdorbenheit der Säfte und daraus entstehender Untätigkeit aller Teile und Verrichtungen des Körpers beruht. Daher muss der Onanist vorzugsweise darauf bedacht sein, eine reine Lust einzuatmen, welche ihm noch notwendiger

Viertes Kapitel – „Onanieren macht Blind!"

ist, als Arzneien, oft das beste Genesungsmittel bildet und ohne dass die Natur irgend angestrengt wird, die Besserung herbeiführen hilft. Die Luft, welche der Selbstbeflecker atmet, muss trocken, darf aber weder zu kalt noch zu warm sein. Eine kühle und trockene Luft bekommt ihm am Besten, eine warme und feuchte verschlimmert seinen Zustand, denn sie erschlafft die ohnehin erschlafften Fasern noch mehr und die bereits zur Auflösung geneigten Säfte lösen sich noch mehr auf, während eine kühlere Luft beiden Übeln widersteht. Die Luft muss ferner rein sein, d. h. sie darf keine fremden und schädlichen Ausdünstungsstoffe enthalten, was besonders geschieht, wenn dieselbe verschlossen ist, z. B. in Stuben, welche viele Menschen bewohnen, in Kirchen, Schauspielhäusern u.s.w. Eine reine und erfrischende Luft findet man nur auf dem Lande, nicht aber in größeren Städten und es sagt daher schon *Aretäus*, dass man solche Kranke nahe bei Wiesen, an Bächen und Quellen wohnen lassen solle, denn der Anblick und das Frohsein, welches diese Gegenstände gewähren, erfrische den Geist, bringe die Kräfte wieder und belebe den Körper von Neuem. In größeren Städten ist die Luft stets mit schädlichen und verdorbenen Dünsten angefüllt und daher der Aufenthalt in denselben dem Onanisten keineswegs zuträglich. Kann er sie nicht mit der Landluft vertauschen, so muss er wenigstens täglich einige Stunden außerhalb der Stadt im Freien zubringen, ja auch selbst die Landluft muss im Freien eingeatmet werden, der Kranke darf sich dort nicht in das Zimmer verschließen, denn nur in der freien Natur kann er die heilenden und erfrischenden Kräfte der Luft ganz genießen. Wäre er aber so schwach und Elend, dass er es nicht vermöchte, im freien Felde einherzuwandern, so muss er sein Zimmer wenigstens oft am Tage mit frischer neuer Luft anfüllen, wobei es jedoch nicht genug ist, ein Fenster oder die Türe zu öffnen, sondern es müssen alle Fenster und Türen geöffnet und dadurch der frischen Luft der Zugang zu allen Winkeln gestattet werden, wobei jedoch der Leidende selbst dem Zugwinde nicht ausgesetzt bleiben darf, sondern sich mittlerweile in ein anderes Behältnis verfügen muss. Gewiss ist es übrigens, dass die Morgenluft die gesündeste ist, daher denn auch der Onanist dieselbe ganz besonders zu genießen trachten muss. Die Kühle der Nacht erfrischt die Luft von Neuem wieder, der Balsamduft der Blumen und das Erfrischende des Taues macht die Morgenluft zum besten Stärkungsmittel. Man fühlt sich durch sie neu belebt, die Kräfte kehren wieder und der Druck derselben reizt den Magen zu neuer Tätigkeit. Noch stärker wird der Genuss der freien Luft für den Selbstbeflecker dann sein, wenn er denselben mit irgendeiner nicht anstrengenden und erheiternden körperlichen Arbeit oder Beschäftigung verbindet. Wie schön wäre es, spricht *Hufeland*, wenn Gelehrte, Geschäftsmänner u.s.w. auch hierin den Alten nachahmten, die, trotz ihrer philosophischen Arbeiten oder Staatsgeschäfte, es nicht unter ihrer Würde hielten, zwischendurch sich ganz dem Landleben zu widmen, den Spaten oder die Hacke zur Hand nahmen und ihr Feld oder ihren Garten selbst bearbeiteten. Dies würde das Gleichgewicht zwischen Geist und Körper wieder herstellen, welches der Schreibtisch so oft aufhebt, sie würden durch Körperbewegung freie Luft und Gemütsaufheiterung alle Jahre sich verjüngen und Lebensdauer und Lebensglück

Viertes Kapitel – „Onanieren macht Blind!"

würden größer sein. Schließlich erinnern wir, dass die Luft, wenn sie ganz frei und ohne allen Widerstand auf den Körper wirken kann, um so mehr ihre stärkende Kraft äußert, und *Erusius* erzählt, dass Onanisten, welche ganz erschlaffte Zeugungsteile hatten und sehr geschwächt waren um Vieles gekräftigt wurden, wenn sie in der freien Luft ohne Beinkleider und bloß mit einem Rocke bekleidet, einhergehen konnten. Die Zeugungsteile erhielten mehr Spannkraft und offenbare Verminderung der Schwäche war die Folge.

In Hinsicht der Bekleidung solcher Personen, welche in der Onanie ausgeschweift haben, müssen wir erinnern, dass, wenn dieselbe den Körper zu sehr erwärmt, sie in demselben Grade nachteilig wirkt, als die zu warme Luft und die vorhandene Schwäche vermehrt, statt sie zu vermindern. Vorzugsweise nachteilig auf die Zeugungsteile selbst wirkt das Tragen enger, schwerer, wollener Beinkleider, die durch dieselben entstehende Wärme reizt die Teile zu sehr und sie schaden noch mehr, wenn sie mit einem Gurt versehen sind, der, wenn er nur einigermaßen presst, das Blut im Unterleibe anhäuft und dadurch den Reiz in den Zeugungsteilen selbst vergrößert. So sehr wir übrigens gegen eine zu warme Bekleidung eifern müssen, so sehr warnen wir jedoch gegen eine solche, welche gegen den Einfluss kalter und übler Witterung nicht genügsamen Schuh gewährt und zur Erkältung des Körpers Veranlassung geben.

Speise und Trank sind zwei sehr wichtige Gegenstände für die durch Onanie geschwächten Personen. Sie müssen mit der größten Sorgfalt nach zwei Grundregeln ausgewählt werden, denn der Onanist darf zunächst nur solche Speisen genießen, die, obschon in geringer Menge genossen, dennoch reichlich nähren und leicht verdaulich sind, damit der Magen nie überladen und belästigt werde. Und er muss dagegen alle diejenigen Speisen und Getränke meiden, welche von Natur zäh und schwer, daher unverdaulich sind oder die der Erfahrung zufolge eine besondere Wirkung auf die Zeugungsteile äußern.

Zu den überhaupt und insbesondere für den Selbstbeflecker schwer verdaulichen Speisen und Getränken gehören vorzugsweise alle fetten, scharf gesalzenen, gewürzten und geräucherten Nahrungsmittel, z.B. das Schweinefleisch und überhaupt das Fleisch alter Tiere. Fett erschlafft die Fibern des Magens, bleibt roh und unverdaut, oft schon im gesunden, vielmehr denn im schwachen Magen liegen und es entstehen Verstopfungen, Schmerzen, Schlaflosigkeit, Beängstigung und Fieber. Durch die grünen Gemüse und Hülsenfrüchte, welche zu sehr blähen, wird der Magen übermäßig ausgedehnt und der freie Umlauf der Säfte gehindert. Weniger nachteilig wirken jedoch die Letzteren, wenn sie mit dünner Fleischbrühe zubereitet sind. Das Obst ist bei allgemeiner Schwächung durch Samenverlust schädlich, weil es im Magen sowohl als in den Gedärmen leicht Gährung veranlasst, wobei sich die Luft in großer Menge anhäuft und der Blutumlauf verlangsamt wird. Dasselbe gilt von allen rohen Gartenfrüchten, z.B. den Melonen, Gurken, Erdbeeren, Wein- und Johannisbeeren und allen Säuren überhaupt. Übrigens ist unter allen Obstarten die Birne, und die blaue Heidelbeere, weil sie

Viertes Kapitel – „Onanieren macht Blind!"

stärkend wirken soll, äußerst mäßig genossen, am Wenigsten nachteilig.

In Hinsicht der Getränke gelten dieselben Regeln. Alles Getränk, das mit warmen Wasser bereitet wird, erschlafft. Dies gilt von dem Tee zunächst, der Kaffee reizt noch überdies die Nerven und spannt sie dann wieder ab. Bier ist dem Onanisten nur dann anzuraten, wenn man von dessen Reinheit und Echtheit überzeugt ist. Übrigens muss jeder Kranke dieser Art es sich zur Regel machen, von keinem Getränke zu viel zu genießen, weil sonst die Verdauung geschwächt und die eigentlichen Säfte des Magens so sehr verdünnt und weggeschwemmt werden, dass dann die Speisen nicht genugsam verdaut werden können. Dass auf die gehörige Zubereitung der Speisen Vieles ankomme und die feinere Kochkunst, welche die verschiedenartigsten und widersprechendsten Dinge zusammenmengt, großen Schaden stifte, leuchtet ohne Beweise ein und es muss daher der Onanist Leckereien und schwelgerische Gastmähler für immer fliehen und meiden. Schließlich müssen wir noch der Gewürze gedenken, die unter solchen Umständen größtenteils nachteilig sind, weil sie das Blut auflegen, so wie wir unter den Fischen vorzugsweise die schuppenlosen, z.B. Aal, Schleie und Lachs, so wie die eingesalzenen und geräucherten widerraten müssen. Manche Speisen, Getränke und Gewürze endlich wirken reizend, wenn auch nicht geradezu auf die Zeugungsteile, doch auf die Urinabsonderung und dadurch mittelbar auf jene. Diese muss der Onanist vorzugsweise meiden. Dahin gehören Petersilie, Sellerie, Meerrettig, Spargel, Zwiebeln, Vanille u.v.a.

„Onanieren macht Blind!" - Viertes Kapitel

Wir kommen nun zur Namhaftmachung derjenigen Speisen und Getränke, welche für die durch Onanie Geschwächten leicht verdaulich, dabei aber nahrhaft, mithin passend sind. Zu ihnen gehört unter den Speisen das Fleisch der Schafe, jungen Ochsen, Hühner und Rebhühner, Tauben, Lerchen, Wachteln und Hasen. Die schicklichste Art der Zubereitung desselben ist das Braten oder das Einkochen in der eigenen Brühe, denn Fleisch, mit zu vielem Wasser gekocht, verliert, da die nährenden Teile desselben in der Bouillon bleiben, alle Kraft, es bleibt Nichts davon übrig, als die Fasern und es ist daher unverdaulich. Gut ist es für Onanisten, wenn sie des Morgens ein Paar Tassen Fleischbrühe mit Semmel oder Zwieback genießen und wäre die Schwäche derselben so groß, dass sie Fleisch überhaupt nicht vertrügen, so müssten sie nur den Saft oder die Brühe desselben genießen, indem das Fleisch mäßig gekocht, die Brühe dann ausgepresst und mit Brot, etwas Zitronensaft und Wein gemischt wird, welche Bereitungsart eine leichte und nahrhafte Speise abgibt. Fehlerhaft aber würde es sein, Fleischkost allein, ohne allen Anteil von Pflanzenspeisen, genießen zu wollen, welche Letzteren, namentlich aber das Brot, für uns unentbehrlich sind. Es empfehlen sich für Selbstbeflecker zur Nahrung aus dem Pflanzenreiche die jungen zarten Wurzeln der Möhren, Artischocken, ferner Reis, Gräupchen, Gries, Sage, Hafergrütze und nach *Erusius*, sogar die Linsen, weil er beobachtet haben will, dass sie stärkend auf die Urinblase und Zeugungsteile wirken und daher besonders gut gegen Samenfluss und freiwilligen Urinabgang wirken sollen. Eier sind ein sehr nützliches, stärkendes und leicht verdauliches Nahrungsmittel, wenn dieselben nur wenig oder fast gar

Viertes Kapitel – „Onanieren macht Blind!"

nicht gekocht werden, denn hart gekocht sind sie schwer verdaulich. Die zweckmäßigste Zubereitung derselben für den Onanisten ist daher entweder, wenn sie ganz roh und frisch oder ganz weich gesotten sind, auch können sie in warmer Fleischbrühe verrührt genossen werden. Die Milch ist ein einfaches, den Säften des Körpers am Meisten zuträgliches, daher die verlorenen Teile am Schnellsten wieder ersetzendes Nahrungsmittel, welches nährt, kühlt und den Durst mindert, daher Speise und Trank zugleich ist. Nur sind nicht alle Körper in dem Zustande, dass sie dieselbe vertragen, weil ihr Magen entweder zu untätig oder mit einer fremdartigen Säure angefüllt ist, wodurch die Bestandteile derselben zu bald zersetzt werden und die Molken oder ihr wässeriger Teil Durchfall erregt oder zu schnell durch die Harnwege wieder abgeht, während der übrige Teil derselben, der Käse und das Fett nämlich, im Magen zurückbleiben, ihn belästigen und Blähungen, Kolikschmerzen, Übelkeiten u.s.w. erregen. Die Milch ist mithin bei noch guter Verdauungskraft die schicklichste Nahrung für gewesene Onanisten, schadet jedoch ungemein, wo das Verdauungsvermögen fehlt. Bei ihrem Gebrauche muss dafür gesorgt werden, dass die Milch überhaupt von guter Beschaffenheit sei, man muss aber dabei vor allen Speisen sich hüten, welche Säuren enthalten, z.B. vor dem Obste. Man darf nur wenig von demselben genießen und muss insbesondere jede Erkältung des Unterleibes sorgfältig zu vermeiden suchen. Zum Getränk empfiehlt sich unter den in Rede stehenden Umständen ganz reines Brunnenwasser, mit etwas Wein und Zucker vermischt, doch darf der Wein weder sauer noch erhitzend sein. Leichte Weine, z. B.

Würzburger, Champagner u.s.w. treiben sehr aus dem Urin, erregen daher die Zeugungsteile und dürften mithin kaum genossen werden. Dagegen passen der rote Burgunder, der alte weiße Grafwein, guter echter Pontack, spanische und portugiesische Weine, Kanariensekt, ganz besonders aber der Tokeier. Von den Bieren empfehlen sich die nährenden Sorten, z. B. die braunschweiger Mumme, das bayrische Bier, das zerbster Bitterbier u.s.w.

Nur meide man diejenigen Biere, die außer Hopfen und Malz irgend einen Kräuter oder anderen Zusatz haben. Auch die Schokolade mit Milch gekocht, mäßig genossen, ist, weil sie nahrhaft ist, ein zweckmäßiges Getränk für unsere Schwächlinge. Noch zweckmäßiger ist jedoch die gut bereitete Chinaschokolade. Übrigens muss es jeder Kranke als Hauptregel betrachten, im Genusse der Speisen sowohl als Getränke Maß und Ziel zu halten.

In Hinsicht des Schlafes muss erörtert werden, wie lange und zu welcher Zeit der durch Onanie Geschwächte schlafen dürfe und endlich was er zu beobachten habe, um ruhig zu schlafen. Unmäßigkeit im Genusse der Ruhe erschlafft den Körper, länger als höchstens 6 bis 7 Stunden soll kein Erwachsener schlafen. Je weniger man schläft, desto erquickender ist der Schlaf. Dies gilt auch für unsere Kranken. Ferner haben wir bereits oben erinnert, dass die Luft während der Nacht weniger gesund ist, als am Tage und da der Mensch auch während des Schlafes unaufhörlich ausdünstet. Die ihn dabei umgebende Luft aber auf einen kleinen Raum beschränkt ist, so wird dieselbe leicht verdorben und mit unseren eigenen Ausdünstungen

Viertes Kapitel – „Onanieren macht Blind!"

überschwängert. Man muss also vernünftigerweise zeitig zur Ruhe sich begeben, um mit dem Aufgange der Sonne die gesündere Luft zu genießen und darf nie die natürliche Ordnung der Dinge ohne Nachteil umkehren, welche die Nacht für den Schlaf, den Tag dagegen zum Wachen bestimmt hat. Sobald der Kranke früh zum ersten Male erwacht, stehe er auf, denn der zweite Schlaf ist nie so fest, als der erste. Die Seele fängt schon an, geschäftig zu werden und die Phantasie insbesondere sich Bilder zu malen, man wird matt und verdrossen nach diesem zweiten Erwachen, während man bei dem ersten sich munter und gestärkt fühlt. Man vermeide es überdies so viel als möglich, auf dem Rücken zu schlafen, weil die Samenbläschen, welche zwischen der Harnblase und dem Mastdarme liegen, in der Rückenlage gedrückt und daher leicht gereizt werden. Um ruhig zu schlafen, entferne der Kranke alle Hindernisse der Fortdauer des Schlafes, er schlafe daher in keinem geheizten Zimmer und bedecke sich weder zu sehr noch zu wenig. Er habe ferner genau darauf Acht, ob er etwa kalte Füße habe, ein Zufall, der unseren Geschwächten gar sehr eigen ist. Man reibt sich, wenn dies stattfindet, die Füße mit einem Frieslappen warm, meide aber Wärmflaschen und künstliches Erwärmen der Betten. Gut ist es, wenn das Schlafgemach gegen Morgen oder Mittag, schädlich, wenn es gegen Mitternacht gelegen oder feucht ist. Man gebe endlich, um ruhig zu schlafen, ja nicht mit vollem Magen zu Bette und halte des Abends durchaus nur eine sehr mäßige Mahlzeit, genieße kein Fleisch und nehme, was man genießt, wenigstens 2 bis 3 Stunden vor dem Schlafengehen zu sich, denn die Verdauung während des Schlafs macht Unruhe und Beängstigung, für den nächstfolgenden Tag verdrossen, müde und abgeneigt gegen alle Geschäfte.

Zweckmäßige Bewegung ist, wie überhaupt allen Menschen, so insbesondere denen notwendig, welche durch Onanie geschwächt sind. Sie ist ein unumgänglich notwendiges Mittel, die durch Entkräftung entstandene Untätigkeit wieder zu beseitigen, weil der Kreislauf der Säfte durch dieselbe vermehrt wird und die Kranken gleichzeitig dabei die freie Luft genießen. Sie kann oft mehr als Arzneien wirken und alle Arzneien richten hier ohne Bewegung Nichts aus. Zudem ermüdet sie den Körper, veranlasst einen gesunden Schlaf und befördert die Verdauung. Da viele Onanisten an Hypochondrie und Schwermut leiden, so hält es oft schwer, sie zur Bewegung zu veranlassen und die große Erschöpfung, welche sie in der ersten Zeit nach Bewegungen spüren, macht sie mutlos und schreckt sie ab, dieselben fortzusetzen. Allein sie mögen bedenken, dass aller Anfang schwer ist und dass Übung jede Kraft erhöht. Die, welche im Anfange ein Spaziergang durch den Garten schon ermüdet, können es in einigen Wochen dahin bringen, ohne große Ermüdung einige Stunden zu gehen. Doch ist das Gehen nicht die einzige stärkende Bewegung für solche Geschwächte Das Reiten wäre, wenn es nicht der Erfahrung zufolge die Zeugungsteile reizte, dem Fahren vorzuziehen. Gestattet es das Wetter nicht, sich im Freien zu bewegen, so muss die Bewegung im Hause vorgenommen werden, wozu leichte Arbeiten, z. B. Sägen, Drechseln u.s.w. einige Spiele, z.B. das Billard und Kegelspiel, sehr zu empfehlen sind.

Viertes Kapitel – „Onanieren macht Blind!"

Dabei ist zu erinnern, dass man weder zu früh noch zu spät vor und nach dem Essen sich bewege, und wenigstens eine halbe Stunde vor dem Essen von der Bewegung ausruhe und nicht esse, solange der Körper warm ist.

Durch eine zweckmäßige Bewegung erhält man die natürliche Ausdünstung des Körpers stets in gehöriger Ordnung, nur muss man dabei sorgfältig vor aller Erkältung, namentlich der Füße sich hüten. Trockene und warme Füße sind ein notwendiges Erfordernis für das Wohlbefinden unserer Kranken und Geschwächte, welche stets kalte Füße haben, tun am Besten, wenn sie immer Sohlen von Pferdeharen in den Schuhen tragen. Ein Hauptmittel in dieser Hinsicht, nicht bloß für Wiederherstellung der durch die Onanie zerrütteten Gesundheit, sondern auch zur Verhütung dieses Lasters selbst, ist das Turnen. Durch dasselbe wird der Körper gekräftigt, die Muskulatur ausgebildet, das Blut schneller verbraucht und daher öfter wieder erneut, die Nerventätigkeit gehoben und so der Geist und Wille befestigt. Freilich ist es notwendig, dass solchen Kranken der Unterricht im Turnen von einem gebildeten Arzte selbst oder doch unter dessen Leitung und Vorschrift erteilt werde, weil dieser am Besten beurteilen können wird, welche Art der Bewegungen dem Kranken vorteilhaft oder nachteilig ist. Ergibt sich aber der Leidende dieser Übung mit Ausdauer und Liebe, so wird er bald sehn, wie sein abgemagerter Körper wieder fleischig wird, wie seine schlaffen Muskeln wieder straff werden, wie seine Schwäche sich in Kraft umwandelt, wie sein niedergedrücktes Gemüt sich aufrichtet und erheitert, und wie sein Anfangs schwacher Vorsatz in jenes Laster nicht mehr zu verfallen, zum kräftigen, unbesiegbaren Willen wird und bald wird er den Ausspruch an sich selbst bewährt finden: ,,Nur in einem kräftigen Körper wohnt ein kräftiger Geist«

Das Reisen ist ein herrlicher Genuss des Lebens, die fortgesetzte Bewegung, die Veränderung der Gegenstände, die damit verbundene Aufheiterung des Gemütes und der Genuss einer freien immer veränderten Luft wirken gleich einem Zauber auf den Menschen und vermögen unglaublich viel zur Erneuerung und Verjüngung des Lebens, daher auch das Reisen den durch Onanie Geschwächten vorzüglich zur Stärkung zu empfehlen ist. Nur ist es Keinem, der eines anhaltenden sitzenden Lebens gewöhnt war, zu raten, sich davon schnell aus eine rasche und erschütternde Reise zu begeben, der Übergang muss langsam sein und mit mäßiger Bewegung begonnen werden.

Am Wohltätigsten sind die Reisen zu Fuß und nur sehr Geschwächten ist das Fahren zu raten. Überhaupt darf eine Reise, welche Stärkung der Gesundheit zum Zweck hat, nie Strapaze werden und gänzlich zu vermeiden ist das Reisen zur Nachtzeit, weil es durch Störung der nötigen Erholung, durch Unterdrückung der Ausdünstung und durch ungesunde Luft sehr nachteilig wirkt. Nie überlade man den Magen auf Reisen, denn während der Bewegung ist die Kraft des Körpers zu sehr geteilt und sie wird dadurch, dass man dem Magen zu viel bietet, mühsamer und beschwerlicher. Diejenigen, welche vollblutig oder zu Bluthusten und anderen Blutflüssen geneigt sind, müssen erst den Arzt befragen, ehe sie auf eine Reise sich begeben.

Viertes Kapitel – „Onanieren macht Blind!"

Leidenschaften endlich sind für alle Menschen, am Meisten aber für Kranke eine gefährliche Klippe; der Zusammenhang zwischen Körper und Geist ist der genaueste und innigste, das Wohlbefinden des Einen hängt von dem Wohlsein des Andern ab. Nur gelinde aufregende und erheiternde Leidenschaften wirken stärkend, niederdrückende dagegen schwächend, daher nur die Ersteren solchen Personen zu empfehlen sind, welche durch Onanie sich geschwächt haben. Missmut und Traurigkeit, Furcht und Hoffnungslosigkeit, Kummer und Gram müssen von ihnen entfernt bleiben. Durch alles Widrige, das ihre Seele bewegt, wird ihr Kranksein noch vergrößert. Viele von ihnen hängen leider der Schwermut nur gar zu sehr nach und erschweren sich die Genesung dadurch, sie können so wenig zur Freude und zum Frohsinn sich stimmen, als ein Fieberkranker bestimmen kann, dass sein Fieber verschwinde — es ist Krankheit. Das einzige Mittel, diese Leidenschaften zu bekämpfen, ist Zerstreuung. Nichts ist unseren Kranken nachteiliger, als ein untätiges, müßiges Leben zu führen. Sie haben dann Zeit genug, immer an einen und denselben Gegenstand und am Liebsten an ihre Krankheit zu denken. Der durch Onanie Geschwächte halte sich an Hoffnung und Freude. Wer hoffen kann, verlängert sein Leben und er kann es in den meisten Fällen noch, wenn es ihm Ernst ist, die Bahn des Lasters auf ewig zu meiden. Er suche jede Gelegenheit zur Freude auf und benutze sie, wenn dieselbe rein und nicht zu heftig ist. Es gibt wohl keine gesündere, stärkende und lebensverlängernde Freude, als die, welche wir im häuslichen Glück, im Umgange froher und guter Menschen und im Genusse der schönen Natur finden. Ein

Tag aus dem Lande, in heiterer Luft, in einem vergnügten Freundeskreise zugebracht, ist, wie *Hufeland* sehr wahr bemerkt, zuverlässig ein besseres Lebensverlängerungsmittel, als alle Lebenselixire der Welt. Zweckmäßige Geistesbeschäftigungen, angenehme, doch nicht anstrengende Lektüre, welche in der kranken Seele keine unrechten Begierden erneuert und dabei doch auf eine angenehme Art unterhält, wobei jedoch das Lesen solcher Schriften, welche die kranke Phantasie zu oft an das Vergehen, das sie geschwächt hat, erinnern, ganz vermieden bleiben muss. Das Landleben, mäßige Arbeit im Garten oder auf dem Felde und das oben schon genannte Turnen und Reisen werden solche Kranke überdies am Meisten und Besten zerstreuen.

Was nun die zur Heilung der durch die Onanie herbeigeführten nachteiligen und größtenteils auf Schwäche und Erschöpfung beruhenden Folgen erforderlichen Arzneien betrifft, so sprechen wir zunächst von denen, deren Gebrauch vermieden werden muss, dann aber von denjenigen, welche man mit Nutzen und Erfolg gebrauchen kann.

Nachteilig und daher zu vermeiden ist der Gebrauch aller derjenigen Arzneistoffe, welche erhitzende und ausleerende genannt werden. Die erhitzenden können nach Art der Gewürze nur nachteilig auf den Körper wirken, der durch Onanie geschwächt ist. Noch mehr gilt dies jedoch von den ausleerenden, mögen sie nun durch Entleerung des Blutes, Schweißes, Speichels, Urins oder des Darmkotes wirken.

Viertes Kapitel – „Onanieren macht Blind!"

Blutentleerungen, sei es nun durch Aderlass, Schröpfköpfe oder Blutegel, schaden unter allen Umständen dem Onanisten. Daher sagt schon *Gilchrist*, es müsse solchen Kranken jeder Tropfen Blutes kostbar sein, denn ihrem Körper fehle die Kraft, die Säfte so zu verarbeiten, dass sie ein gutes Blut bereiten und es im gehörigen Kreislaufe erhalten. Und *Loob* sagt, dass, wenn man Körpern, die nur noch so viel Blut haben, als zur höchsten Not erfordert wird, von diesem höchst notwendigen noch abzapfe, man ihnen die notwendigen Kräfte nehme und Anlass zu Krankheiten gebe. Leider werden noch immer viele durch Selbstbefleckung Geschwächte durch Aderlass ruiniert, weil man sich durch das ihnen eigentümliche Ohrensausen und die krampfhaften Zuckungen verleiten lässt, diese Zufälle einer eingebildeten Vollblütigkeit beizumessen. Ebenso schaden abführende Arzneien. Zwar können auch bei unseren Kranken Fälle vorkommen, wo sich diese notwendig machen, allein sie sind dann gewiss keine unmittelbaren Folgen der Onanie, sondern rühren von dem Genusse unverdaulicher Speisen und Getränke, von Erkältung u.s.w. her, denn die Erschlaffung des Magens und der Gedärme, welche bei Onanisten gewöhnlich ist und die Verdauung stört, wird durch abführende Arzneien nicht gehoben, sondern verschlimmert. Dieselbe Bewandtnis hat es mit den Brechmitteln, mit Schweiß und Harn treibenden Arzneien, welche wenigstens ohne den Beirat eines geschickten Arztes bei unseren Kranken nie angewendet werden dürfen.

Diejenigen Arzneimittel nun, deren Gebrauch bei Personen, welche durch Selbstbefleckung geschwächt und entkräftet sind, sich heilsam erweist, sind zwar nicht zahlreich, aber ergiebig. Sie müssen stärken, ohne große Aufregung im Körper zu veranlassen. Die empfehlungswürdigsten unter ihnen sind die Chinarinde, das kalte Bad und das Eisen. Alle drei wirken nach denselben Gesetzen auf den tierischen Körper, sind daher in ihrer Wirkung einander ziemlich gleich und müssen daher umso wirksamer sich zeigen, je mehr sie in ihrem Gebrauche gleichzeitig miteinander verbunden werden. Sie stärken, besänftigen, verringern die Fieberbewegungen, mindern die erhöhte Tätigkeit der Nerven, durch welche krampfhafte Bewegungen entstehen, sie kräftigen den Magen, bessern die Verdauung und Ernährung, bringen alle Aussonderungen des Körpers in Ordnung, kurz, sie sind allen aus wahrer Schwäche beruhenden Krankheiten ausnehmend wohltätig. Allein sie alle haben auch ihre Gegenanzeigen, d.h. es gibt, wie überall, so auch bei durch Onanie geschwächten Personen, Fälle, in denen dieselben mehr Schaden als Nutzen stiften können und daher ihr Gebrauch zu unterlassen ist. Wir raten mithin aus wahrer Überzeugung und reiner Liebe zur Wahrheit unseren Kranken, von diesen Mitteln nie anders als unter Aufsicht eines erfahrenen Arztes Gebrauch zu machen. Soll die Chinarinde in flüssiger Gestalt genommen werden, so lässt man ein Loth gutes Chinapulver mit 12 Loth Wasser oder, je nachdem die Umstände es erfordern, mit ebenso viel rotem Wein abkochen, das Ganze dann einige Stunden zugedeckt stehen, hierauf durchseihen und der Kranke genieße diese Menge binnen einem Tage in gewissen Zwischenräumen, etwa alle 2 oder 3 Stunden zu einer halben Tasse voll. Das Eisen kann man in flüssiger sowohl als fester

Viertes Kapitel – „Onanieren macht Blind!"

Form gebrauchen. Ganz besonders aber empfehlen sich für unsere Kranken die eisenhaltigen Mineralwässer, vorzüglich das Spaawasser, welches ein treffliches Stärkungsmittel ist, gar nicht reizt und die Säfte ungemein verbessert. Chinarinde und Spaawasser sind auch ganz besonders darum zu empfehlen, weil sie sich gut zur Milchkost schicken und die Milch, welche wir oben unseren Kranken so sehr gerühmt haben, zur Verdauung und Ernährung bearbeiten helfen. Außer dem Spaabrunnen leisten auch Flinsberg, Pirmont und Selters gute Dienste. Auch kann man durch verschiedene andere Mittel den Magen zur Verdauung der Milch geschickt machen, z.B. durch ein Pulver aus gleichen Teilen kohlensaurer Magnesia und Zucker, von dem man früh und Abends einen Teelöffel voll zu sich nimmt. Das kalte Bad nimmt der Kranke am Zweckmäßigsten gegen Abend, nachdem das Mittagsmahl vollkommen verdaut ist, wo es dann einen ruhigen Schlaf bewirkt. Hat der Kranke keine Gelegenheit zu Bädern, so wasche er sich täglich den ganzen Körper mit Wasser oder nehme kalte Sitzbäder. Nur beobachte er dabei und bei dem Baden überhaupt die Regel, nie bei vollem Magen, auch nie mit erhitztem Körper ins Bad zu gehen, im kühlen Flusswasser nie über eine Viertelstunde zu verweilen, beim Herausgehen die Erkältung dadurch zu verhüten, dass der ganze Körper schnell mit Flanell abgerieben oder ein flanellner Schlafrock übergezogen wird, nach dem Bade bei trockner und warmer Witterung sich eine mäßige Bewegung zu machen, bei kühlem und feuchtem Wetter aber eine Stunde lang im mäßig erwärmten Zimmer zu bleiben. Wie auf den ganzen Körper überhaupt, so wirkt das kalte Bad insbesondere stärkend auf die Zeugungsteile, die allerdings am Langsamsten wieder zu ihrem vorigen Zustande zurückkehren. Bei den Waschungen der Geschlechtsteile oder dem örtlichen Bade derselben kann jedoch nicht unerwähnt gelassen werden, dass das damit verbundene Betasten der Teile, das Abtrocknen derselben, die gleichzeitig oft erwachende wollüstige Begierde u.s.w. möglicherweise neue Veranlassung zur Sünde hervorrufen kann, daher dem Waschen das Besprengen oder Bespritzen der Geschlechtsteile ohne nachheriges Abtrocknen im Allgemeinen vorzuziehen ist. Noch zweckmäßiger in dieser Hinsicht ist die Dusche, die man sich leicht selbst bereiten kann. Man nehme hierzu eine mit kaltem Wasser gefüllte Flasche oder einen mit einem engen Ausgießer versehenen Krug und lasse beim Ausgießen des Wassers den Strahl auf die Zeugungsteile herabfallen.

Hätte sich Jemand durch schnell und oft hinter einander wiederholte Ausschweifungen so sehr geschwächt, dass davon augenblickliche Gefahr zu befürchten wäre, so müsste man auf Stärkung bedacht sein, dem Leidenden etwas spanischen Wein und Brot, einige Tassen Fleischbrühe mit einem Eidotter reichen, ihn ruhig auf dem Bette liegen lassen und auf den Magen desselben einen wollenen Fleck legen, der in warmen Wein eingetaucht worden ist. Ratsam ist es schließlich noch, die Zeugungsteile stets in einem leinenen oder ledernen Tragebeutel zu tragen, wodurch jede Reibung und Reizung dieser Teile um so mehr verhindert wird.

Wir können dieses Kapitel nicht schließen, ohne mit wenigen Worten noch der unwillkürlichen Samenergüssen oder Pollutionen zu gedenken, von denen zu wiederholten Malen bereits die Rede gewesen ist. Die Ursachen derselben sind verschieden, daher man diese auch in mehrere Arten einteilt. Die erste Art entsteht dann, wenn der Samen in Überfluss in den Samenblasen sich angehäuft hat und ist jungen Männern eigen, welche in voller Lebenskraft sind und aller Samenverschwendung sich enthalten.

Ein wollüstiger Traum und die Bettwärme erregt bei ihnen die Wirkung des Beischlafes und es erfolgt der Erguss des Samens. Eine solche Entleerung ist keine Krankheit, sondern die Natur sucht sich dadurch des Überflusses an Samen zum Vorteil des Körpers zu entledigen, daher sie, weit entfernt Nachteil zu bringen, im Gegenteile heilsam ist. Geschieht aber diese Entleerung zu oft, so wird sie nach und nach zur Krankheit, es entsteht dadurch ein regelwidriger Andrang nach und ein Reiz in den Zeugungsteilen, wodurch dann Pollutionen erregt werden, die endlich dem Körper großen Nachteil bringen. Dahin gehören denn nun auch die nächtlichen Samenergüsse, welche nach dem Gesetze der Gewohnheit bei denjenigen erfolgen, die durch längere Ausschweifung den Samen zu sehr nach den Zeugungsteilen gelockt haben, daher die Onanisten den Pollutionen so sehr unterworfen sind. Sie beschäftigen sich den Tag über mit wollüstigen Gedanken und es muss ihnen dann auch im Schlafe der Gegenstand des Tages als Traumbild erscheinen und der Traum wirkt sodann ganz naturgemäß auf diejenigen Teile, welche durch den beständigen Reiz am Meisten geschickt sind, jenes Bild zu verwirklichen. Eine dritte Art von Pollutionen endlich ist der hypochondrischen Körper- und Gemütsbeschaffenheit eigen. Der Umtrieb des Blutes in den Gefäßen des Unterleibes geschieht bei Hypochondristen sehr langsam. Das Blut häuft stets daher in größerer Menge im Unterleibe an, die Nerven sind äußerst beweglich und werden von den angehäuften Säften umso leichter gereizt, der Schlaf ist unruhig und durch Träume gestört und daher die Neigung zu unwillkürlichen Samenerguss in ihrem Körper. Auf dieselbe Weise können mechanische Ursachen und Reize im Unterleibe zu Pollutionen Veranlassung geben. Es gehören dahin besonders Würmer, vorzugsweise die sogenannten Askariden oder Madenwürmer im Mastdarm, Goldaderknoten an demselben, Gries oder Steine in der Harnblase oder den Nieren, versäumte Entleerung des Harnes und Stuhlganges, besonders bei der Lage im Schlafe auf dem Rücken; ferner noch z.B. Trippergift, venerisches Gift u.s.w.

Die Heilung der Pollutionen ist schwer, wo sie einmal eingewurzelt find und es gehört gewöhnlich eine lange Zeit dazu, ehe man den gewünschten günstigen Erfolg der eingeschlagenen Behandlung wahrnimmt.

Man wird sie weniger durch Arzneien, als durch eine zweckmäßige Diät beseitigen. Eine strenge Lebensweise, viele körperliche Beschäftigung, kurzer, ruhiger Schlaf auf einer harten Strohmatratze und keineswegs auf Federbetten, Vermeidung der Rückenlage während des Schlafes, eine sehr karge oder noch besser gar keine Abendmahlzeit, Vermeidung des Weines und aller geistigen Getränke, dagegen reines Quellwasser vielleicht mit etwas Salpeter vermischt, zum gewöhnlichen Getränk und eine leicht verdauliche, dabei aber nie übermäßige Kost, überhaupt die strengste Enthaltsamkeit im Essen und Trinken entsprechendem Zwecke der Heilung am Vollkommensten.

Viertes Kapitel – „Onanieren macht Blind!"

Das Lesen schlüpfriger Bücher, örtliche Aufregung der Geschlechtsteile durch heftiges Reiten, das Fahren nach Tische, welches bei manchen Personen Aufregung der Geschlechtslust hervorruft, eine zu enge und zu anliegende Bekleidung, Schauspiel und Tanz gehören unter die Gegenstände, welche der mit Pollutionen Behaftete und zu ihnen Geneigte ganz oder doch größtenteils meiden muss. Wenn zwar das Reiten an und für sich gestattet sein kann, so muss dabei immer die möglichste Vorsicht beobachtet werden, damit die Geschlechtsteile keine Reibung erleiden. Der zu Pollutionen Geneigte arbeite sich des Tages möglichst müde und suche das Lager in keiner andern Absicht, als um zu schlafen. Er eigne sich aber auch Willenskraft genug an, das Lager bei der leisesten Anwandlung wollüstiger Ideen sogleich zu verlassen. Aus demselben Grunde übrigens, aus welchem das Liegen und Schlafen in der Rückenlage schadet, darf Verstopfung niemals geduldet, sondern muss stets darauf gesehen und gehalten werden, dass Mastdarm und Harnblase möglichst entleert sind. Im entgegengesetzten Falle drücken Blase und Darm auf die angefüllten Samenbläschen und die Pollution wird begünstigt. Dies kann umso leichter geschehen, je mehr besonders die Blase während der Nacht mit Urin sich füllt, daher es überall, wo es geschehen kann, geraten ist, des Nachts sich einige Male wecken zu lassen, um den Urin zu entleeren, aber auch des Abends so wenig als möglich zu trinken, um die Abfüllung der Blase nicht noch mehr zu befördern. Zur Erleichterung der Stuhlentleerung dürfen abführende Mittel, welcher Art immer, nicht genommen werden, weil die Erfahrung nachgewiesen hat, dass dieselben durch die vermehrte

Bewegung im Darmkanale und die Erregung des Unterleibsnervensystems mehr Nachteil bringen als Nutzen stiften. Eine wässrige, möglichst reizlose, gänzlich ungewürzte Nahrung, fleißige Bewegung in freier, reiner Luft und die Beobachtung der sonst hier und im Kapitel über die Onanie überhaupt gegebenen diätetischen Verordnungen wird zur Verhütung der Leibesverstopfung genügend beitragen. Im Notfalle dient zu deren Beseitigung ein einfaches Lavement von reinem, kaltem Flusswasser. Die Speisen müssen besonders aus dem Pflanzenreiche gewählt werden und auch unter diesen dürfen vorzugsweise keine Nüsse, Mandeln und Kastanien, Obst nur ganz mäßig und nur bei vieler Bewegung genossen werden. Alles gesalzene und geräucherte Fleisch ist streng zu vermeiden. Auch der Kaffee ist Personen, welche mit Pollutionen irgendeiner Art behaftet sind, gewiss höchst nachteilig. Tissot teilt uns eine Bemerkung mit, welche wir unseren Lesern zur Nachahmung nicht vorenthalten mögen. Ein achtungswerter Mann erzählte jenem Arzte bei Gelegenheit einer Krankheit, dass er in früheren Jahren oft von nächtlichen unwillkürlichen, sehr entkräftenden Samenergüssen belästigt worden sei, dass er aber endlich den festen Entschluss gefasst und stets mit diesem sich zu Bett gelegt habe, sogleich erwachen zu wollen, sobald ihm die Phantasie im Traume das Bild eines Frauenzimmers vorführen würde. Diese Bestimmung, mit der er seine Seele unmittelbar einige Zeit vor dem Schlafengehen beschäftigte, war auch das glückliche Gegenmittel gegen seine Pollutionen. Die lebendige Vorstellung eines Frauenzimmers, das eine so bedeutende Gefahr mit sich führe, mit dem festen Entschlusse, sogleich zu erwachen,

Viertes Kapitel – „Onanieren macht Blind!"

wenn es erscheine, ward im Augenblicke des Traumes so lebhaft, dass er sogleich sich ermuntern konnte.

Als Arznei raten wir zu einer einfachen Mandelmilch, in welcher etwas Salpeteter aufgelöst worden ist und von der des Tages einige Male eine halbe Tasse getrunken werden kann; zu einigen Tropfen Schwefelsäure unter Wasser gemengt; zu Selterwasser mit Milch; zu einem Trank aus Chinarinde und dem kalten Bade, besonders dem kalten Sitzbade kurz vor dem Schlafengehen, vorzügliche Dienste wird auch hier die kalte Dusche auf die Geschlechtsteile leisten, wie wir sie bereits beschrieben haben.
Die Pollutionen der Hypochondristen können nur durch Hebung der ganzen Krankheit, der Hypochondrie selbst beseitigt werden. Die ihr zum Grunde liegenden Stockungen in den Gefäßen und Eingeweiden des Unterleibes müssen durch zweckmäßige Mittel gehoben, die Verdauung muss geregelt und dann der Gebrauch der Chinarinde und der kalten Bäder versucht werden. Alle mechanischen Vorrichtungen endlich, welche zur Verhütung der Pollutionen häufig angepriesen worden sind, welcher Art sie immer sein mögen, schaden mehr als sie nützen und sind daher gänzlich zu verwerfen. Wie man gegen Onanie das Anlegen dicker, rauer und fingerloser Handschuhe während der Nachtzeit, das Anbinden der Hände an den Körper, wohl gar die Anwendung einer Zwangsweste vorgeschlagen, aber überall mit keinem oder nur sehr geringem und vorübergehendem Erfolge in Anwendung gebracht hat, so hat man für zu Pollutionen geneigte Individuen, um ihnen die beginnende Steifheit des Gliedes während des Schlafes sogleich zur

Wahrnehmung zu bringen, das Tragen eines Suspensorium oder das Umlegen eines Bandes um das Glied in Vorschlag gebracht. Wir haben Nichts gegen das Erstere, wenn wir es auch nicht für ein nur einigermaßen sicheres Mittel halten, Pollutionen überhaupt zu verhüten. Gegen das Band müssen wir uns erklären und überhaupt zu bedenken geben, dass bei durch Onanie oder sonstige Samenverschwendung herbeigeführten Pollutionen dieselben sehr oft auch ohne Steifwerden des Gliedes erfolgen.

Fünftes Kapitel
—
Von der zweckmäßigen Art und Weise, die Onanie bei der Jugend zu verhüten und sie, wenn sie bereits vorhanden ist, bald und sicher zu erkennen

Wir richten dies Wort an Eltern und Erzieher und wünschen, dass es nicht auf unfruchtbaren Boden fallen möge. Leider ist das Laster der Onanie in unseren Tagen so allgemein und weit verbreitet, dass man es Eltern und Erziehern nicht laut genug predigen kann, leider wird der Keim dazu gewöhnlich schon in früher Jugend gelegt und an ihnen, denen Pflege und Bildung der Jugend anvertraut worden ist, liegt es, dies Keimen zu verhüten oder, sofern es einmal begonnen hätte, zu ersticken.

Die inneren sowohl als äußeren Geschlechtsteile des menschlichen Körpers besitzen einen ungemein großen Reichtum an Blutgefäßen und Nerven. Dieser Reichtum aber wurde ihnen verliehen, um sie auf eine so hohe Stufe der Entwicklung zu bringen, vermöge deren sie, bei einem auch sonst lebenskräftigen und gesunden Körper, vermögend sind, das Leben eines neuen Individuums zu vermitteln. Dieser Reichtum an Gefäßen und Nerven aber ist es auch, welcher eine ungemeine Reizbarkeit und Empfänglichkeit der Geschlechtsteile bedingt und es liegt hierin auch der Grund einer zu frühzeitigen Aufregung derselben, wie sie leider so häufig wahrgenommen wird.

Alles, was den Zufluss des Blutes nach den Zeugungsteilen begünstigt und steigert, vermehrt die gedachte Reizbarkeit und Empfindlichkeit derselben und jedes Lebensalter und Geschlecht ist dieser Vermehrung und Steigerung unterworfen. Die ganze Lebensweise in der Gegenwart und die Art und Weise der Erziehung verschuldet in Hinsicht einer zu frühen Erregung der Zeugungsteile und der Geschlechtslust, daher auch in Rücksicht des häufigen Vorkommens der Onanie und ihrer traurigen Folgen unendlich viel. Traurig, aber wahr ist es zunächst, dass Ammen, Kinderfrauen und Dienstboten oft verworfen genug sind, die Geschlechtsteile der Kinder zu betasten und zu begreifen, um sie zu beruhigen und einzuschläfern. Das Kind aber gewöhnt sich bald an diesen Kitzel und sucht sich denselben endlich selbst zu verschaffen, womit der erste Schritt zur Onanie getan ist. Man hat für solche Fälle, wo sie entdeckt werden, Bestrafung des Kindes geraten, aber die Erfahrung lehrt leider, dass damit Nichts zu bessern ist, weil das Kind, einmal an den Wolllustkitzel gewöhnt, ihn dann nur umso heimlicher zu erstreben sucht. Mechanische Verhinderungsmittel aber, z. B. Binden der Hände, fruchten nicht viel, weil sie anhaltend nicht anzuwenden und kleine Onanisten sehr oft raffiniert genug sind, durch bloßes Aneinanderreiben der Schenkel oder Reiben der Geschlechtsteile an anderen Gegenständen die gewohnte Befriedigung ihrer Lüste zu suchen.

Besonderen Tadel verdient ferner die zu enge Bekleidung der Kinder. Sie ist ein höchst wichtiges Moment für Erregung zu früher Geschlechtslust und für Beförderung der Onanie,

Fünftes Kapitel – „Onanieren macht Blind!"

namentlich gilt dies von zu engen oder zu warmen Beinkleidern bei Knaben, von welcher die Torheit der Mode nicht abkommen kann.

Und welcher Art ist in der Regel die Nahrung unserer Kinder? Offenbar zu reizend und erregend, wenn nicht von der Wiege an, doch sobald das Kind durch den Besitz der Zähne auf konsistentere Nahrung hingewiesen ist. Schwere, gewürzte Speisen, gegorene Getränke, Bier und Wein werden den Kindern oft schon in einem Alter gereicht, wo, abgesehen von allen übrigen Nachteilen, sie auf zu frühe Erregung schlummernder Triebe influiren müssen und wie oft trösten Eltern und Verwandte sich mit der Redensart: »Das Kind verträgt Alles und genießt Alles mit!« ohne zu erwägen oder auch nur daran zu denken, dass nachteilige Folgen aller Art dabei nicht ausbleiben können.

Geistige Anstrengungen der Kinder in zu früher Kindheit und im Übermaß begünstigen die Entkräftung des in seiner Entwicklung nur erst begriffenen Körpers, erzeugen krankhafte allgemeine Spannung und Aufregung, welche endlich auch auf das Geschlechtssystem übergeht. Die Art und Weise, wie, namentlich seit einem Dezennium auf die Kinderwelt in dieser Hinsicht gewirkt, wie, insbesondere in der sogenannten großen — sie verdient aber höchstens den Namen der vornehmen — Welt die körperliche Entwicklung über der geistigen ganz übersehen oder nicht ausreichend gewürdigt wird, trägt einen leider fast gar nicht anerkannten Teil der Schuld des in Frage stehenden Lasters unter Kindern!

Hierzu kommt der Nachteil einer nicht oder kaum beaufsichtigten Lektüre. Kaum dass die Kinder lesen gelernt haben, greifen sie nach Romanen und Büchern, welche ihre Phantasie beflecken und vergiften, ihnen Geheimnisse entschleiern, welche sie noch nicht vermuten oder wenigstens auf diesem Wege nicht kennen lernen sollten und ihnen einen Genuss ahnen lassen, für welchen der Körper noch keinerlei Reife besitzt.

Endlich darf hier der zu frühe Eintritt des Kindes in die Welt und ihre Gesellschaft, als ein Beförderungsmittel vorzeitiger Aufregung der Geschlechtslust, nicht übersehen und übergangen werden. Was das jugendliche Gemüt dort sieht und hört, zerstört, wie ein Schriftsteller hierüber sehr wahr und treffend sagt, größtenteils sehr bald seinen Unschuldstraum, wobei die frivolen Ansichten der Welt unserer Tage über Tugend und Laster und der engere Umgang mit dem andern Geschlechte eine zu frühe Aufregung der Geschlechtsneigung sehr bald hervorrufen. Die Art der Vergnügungen und Genüsse, Tanz, Theater, Gastmähler u.s.w., zu denen Jüngling und Jungfrau Zutritt finden, sobald sie in die Welt treten, regt nicht nur den ganzen, Körper, sondern vorzugsweise auch den Geschlechtstrieb gewaltsam auf.

Wie aber und in welcher Weise diesen und noch anderen, in der Erziehung und Gesinnung der Zeit wurzelnden Übelständen möglichst zweckgemäß abgeholfen und dem zu frühen Erwachen der Geschlechtslust als der Hauptquelles

Fünftes Kapitel – „Onanieren macht Blind!"

der Onanie, vorgebeugt werden könne, davon handeln die unmittelbar folgenden Worte.

Um unschuldiger Kinder Unschuld zu erhalten und sie gegen Verirrungen des Geschlechts zu verwahren, möge man nachstehende, in gedrängter Kürze mitgeteilte Vorschriften nie aus den Augen lassen:

1) Man suche die Kinder in beständiger Tätigkeit zu erhalten, denn Untätigkeit ist die Hauptveranlassung zur Onanie, während Tätigkeit ihnen keine Zeit lässt, den Vorstellungen ihrer Phantasie nachzuhängen. Mit Recht empfiehlt daher *Salzmann* zu diesem Behufe körperliche Arbeit oder körperliche Übung, weil diese ermüdet, so dass, wenn das Kind das Nachtlager besteigt, es sogleich in Schlaf verfällt.

2) Man lasse die Kinder nie, weder bei ihren Spielen, noch bei ihren Arbeiten ohne Aufsicht. Eine einzige absichtslose oder mutwillige Betastung, ein einziger frecher Scherz kann mit einem Male die Seele des schuldlosen Kindes verstimmen. Diese Aufsicht muss jedoch mit Klugheit und ohne dass die Jugend es merke, stattfinden, weil sie sonst leicht zur Heuchelei gewöhnt werden kann.

3) Man gewöhne die Kinder früh aufzustehen, weil der lange Aufenthalt in Betten aus oben näher entwickelten Gründen für ihre Unschuld sehr gefahrvoll ist. Man muss auf das Sorgfältigste verhüten, dass ein Kind im Bette lange wache vielmehr dafür sorgen, dass es, so wie es erwacht ist, gleich

aufstehe. Gegen das Wachen des Abends schützt, wie schon erinnert worden, die Ermüdung.

4) Man gewöhne die Kinder an einfache Kost. Gekünstelte und zu nahrhafte Speisen vervielfältigen an und für sich schon die Bedürfnisse der Jugend, sind der Samen zu mancherlei Krankheiten und erzeugen überdies ganz besonders die Neigung zur Onanie. *Salzmann* hat vollkommen Recht, wenn er vorschlägt, dass man Kindern zum Frühstück nichts Anderes als Milch, nebst wohl ausgebackenem Brot, des Mittags nur etwas Gemüse und etwas Fleisch und zum Abende Butterbrot und etwas Obst geben solle und dass ihr gewöhnliches Getränk nur Wasser sein müsse.

5) Man bewahre die Kinder vor gefährlichem Umgange und schädlicher Lektüre. In Ansehung des Umganges muss man auf die Personen, die sich den Kindern oft nähern, von der Geburt an sehr aufmerksam sein. Das Kind darf nie auf die Arme unzüchtiger Personen kommen, auch widerraten wir allen Müttern, denen Wohl und Gesundheit ihrer Kinder am Herzen liegt, die Ammen, und dies zwar aus Gründen, die ebenso triftig als zahlreich sind. Bei dem Fortwachsen des Kindes dulde man kein üppiges Gesinde im Hause, weil die Gefahren dieser Gesellschaft, welche das Kind nicht entbehren kann, für dasselbe sehr groß sind. In Gesellschaft mit anderen Kindern lasse man es nie, wenn es nicht genau beobachtet werden kann. Man suche sich von der moralischen Güte des Lehrers, den man dem Kinde gibt, zu versichern. Der eigene Umgang der Eltern untereinander

Fünftes Kapitel – „Onanieren macht Blind!"

darf dem Kinde nie anstößig werden, die Grenzlinie zwischen Ausdrücken der Liebe und der Wollust ist zart und darf im Beisein desselben nie überschritten werden. In Gesellschaft, wo Erwachsene mit Kindern zusammen sind, müssen alle zweideutigen und schlüpfrigen Scherze unterbleiben. Ein Glück, dass sogar die Verworfenen in der Regel sich scheuen, in Gegenwart der Kinder in ihrer wahren Natur sich zu zeigen. Sei es nun, dass sie die Größe des Verbrechens, ein Kind verführt zu haben, schreckt, oder dass bei dem Anblicke der Unschuld die Sehnsucht der Rückkehr zur verlassenen Tugend in ihrem Herzen rege wird! Jedes Buch, welches der Jugend in die Hand gegeben wird, muss mit größter Sorgfalt gewählt werden und wir zweifeln, dass *Salzmann* irgend Unrecht hat, wenn er das unbedingte Lesen der alten Schriftsteller als unvereinbar mit der Unschuld des Herzens verwirft. Romane, wie sie gewöhnlich sind, dürfen Kindern nie in die Hände fallen, sie sind wahre Kloaken der Unsittlichkeit.

6) Man wache stets über die Einsamkeit der Kinder. Wir haben oben erwähnt, wie oft die Einsamkeit das in Rede stehende Laster begünstige. Man trete oft und unerwartet in das Zimmer, in welchem sie arbeiten und spielen und dies zwar unter irgendeinem Vorwande und beobachte genau, ob sie über das unerwartete Eintreten sich betroffen zeigen. Man halte die heimlichen Gemächer oder Abtritte unter besonderer Aufsicht, dulde nie, dass ein Kind sich lange in ihnen aufhalte und merke genau darauf, wie oft des Tages dasselbe diesen Ort besuche.

7) Man suche Gelegenheit, die Kinder früh vor Verletzung der Zeugungsteile zu warnen. Sie geradezu vor der Onanie zu warnen, ohne dass man ganz gewiss weiß, sie seien davon angesteckt, scheint gefährlich. Denn man lehrt sie eine Sünde mehr kennen und erregt in ihnen die Begierde, sie zu begehen. Vernünftige kluge Eltern und Erzieher werden die beste Methode der angegebenen Warnung bald ausmitteln. Hat der Knabe z. B. die Hände in den Beinkleidern oder lehnt sich das Kind mit den unteren Teilen des Körpers stark an, so ist eine Gelegenheit vorhanden, welche in dieser Hinsicht wohl benutzt werden kann.

8) Man belehre endlich die Kinder nach und nach über das Erzeugungsgeschäft. Wäre ein sicheres Mittel vorhanden, Kinder in Betreff dieses Punktes in gänzlicher Unwissenheit zu erhalten, es zu verhüten, dass sie die Begattung der Tiere nie sähen und darüber nachdächten. Würden sie nicht durch Bediente, Gesinde, Gespielen u.s.w. davon unterrichtet, so würde es allerdings geratener sein, die Aufklärung über diesen Gegenstand bis zu den Jahren der Mannbarkeit, wo sie durchaus notwendig ist, zu verschieben. Da es aber ein solches Mittel nicht gibt, so ist es wohl zweckmäßiger, und, um die Onanie zu verhüten, besser, mit jener Aufklärung bei Zeiten zu beginnen. Nur gehe man dabei mit größter Behutsamkeit und stufenweise zu Werke, spreche zunächst von der Erzeugung und Fortpflanzung der Gewächse, zeige ihnen die männlichen und weiblichen Blumen derselben, wobei man Gelegenheit hat, sie mit den Ausdrücken, männlicher und weiblicher Teil, Samen, Zeugung u.s.w. ohne dass sie Anstoß daran nehmen, bekannt zu machen. Von hier

Fünftes Kapitel – „Onanieren macht Blind!"

aus gehe man zur Erzeugung der Vögel über und beschließe den Unterricht mit der Erzeugung der Tiere und Menschen. Es kostet Überwindung, aber nur ein Vorurteil ist dabei zu überwinden. Der Nutzen ist groß und gewiss. Er fährt das Kind von den Eltern selbst das Geheimnis nicht, so nimmt es zu seiner Phantasie, zu Dienstboten und Gespielen seine Zuflucht. Wie vieles Gute und Wichtige lässt sich aber dem Kinde bei solcher Gelegenheit außerdem noch sagen, wenn einmal der Damm unzeitiger Schamhaftigkeit durchbrochen ist. Wie zärtlich kann man es vor Verlegung der Zeugungsteile und den Ausschweifungen mit dem anderen Geschlechte warnen? Schließlich können wir hier die Bemerkung nicht umgehen, dass Nichts eine so schnelle Entwicklung und ein zu frühes Erwachen des mächtigen Geschlechtstriebes herbeizuführen vermag, als das Übermaß einer natürlichen oder künstlichen Wärme. In unserm Klima sind die Monate April, Mai und Juni diejenigen, wo der Geschlechtstrieb am Stärksten vorherrscht. Eltern und Erzieher haben daher, um dem Triebe der Onanie vorzubeugen, besonders darauf zu sehen, dass die heranwachsenden Kinder an Kälte gewöhnt werden, dass sie im Winter in ungeheizten Zimmern schlafen, täglich im Freien sich bewegen, nicht zu warm bekleidet werden, auch dass die Wohnzimmer nicht zu stark geheizt sind. Rutenstreiche auf den Hintern tragen ganz besonders zur Aufregung des Geschlechtstriebes bei und sind daher als Strafmittel zu verwerfen.

Indem wir nun die Merkmale anzugeben gedenken, an denen die Onanie bei der Jugend, wenn sie bereits vorhanden ist, erkannt und entdeckt werden kann, müssen wir zuvorderst erinnern, dass Keines dieser Merkmale so untrüglich und so notwendig mit dem Laster der Onanie verbunden sei, dass man mit völliger Gewissheit daraus schließen könne, es sei, wo es vorhanden ist, auch Onanie zugegen und es sei da Unschuld, wo dasselbe fehlt; denn eine und dieselbe Wirkung kann verschiedene Ursachen haben und es gibt zuweilen Ursachen, deren gewöhnliche Wirkung oft erst spät sichtbar wird. Viele von den Kennzeichen, die eben angegeben werden sollen, findet man auch bei Kindern, die an Würmern leiden. Darum sei man vorsichtig und halte sich nie an ein einzelnes dieser Zeichen, welche folgende sind:

1) Kinder, die mit Onanie bekannt sind und sie ausgeübt haben, verändern die sonst blühende und rote Gesichtsfarbe und werden blass. Wir sagen absichtlich, sie verändern dieselbe, denn manchen Kindern ist die blasse Gesichtsfarbe eigen.

2) Ihre Muskeln werden schlaff. Wir sagen mit Absicht, sie werden, denn ein von Haus aus phlegmatisches Kind hat immer schlaffe Muskeln.

3) Sie werden um die Augen auffallend braun, rot oder bleifarbig oder schwärzlich und die Augen selbst erscheinen eingesunken: der Blick ist scheu und trübe. Auch dies Zeichen gibt für sich allein nur Wahrscheinlichkeit denn in manchen Familien gehören jene Augenringe zu erblichen Fehlern und der Blick eines Kindes, das einsam lebt und nie unter Fremde gekommen ist, hat stets etwas Scheues.

4) Die Lippen sind blass.

5) Alle Bewegungen des Gesichtes geschehen mühsam, das Lächeln z. B. ist gleichsam nur halb.
6) Der ganze Körper ist matt und kraftlos.
7) Das Kind wird träge bei seinen Beschäftigungen. Dabei muss aber genau untersucht werden, ob nicht vielleicht eine andere Ursache dieser Trägheit, z.B. schwüles Wetter, Genuss unverdaulicher Speisen, vorhergegangene Ermüdung u.s.w. vorhanden ist.
8) Das Kind wird missmutig, gerät leicht in Zorn, üble Laune und nimmt überhaupt leichter als gewöhnlich übel, wobei jedoch Viel auf die Umgebung ankommt, in welcher es erzogen ist oder sich befindet.
9) Kinder, welche der Onanie ergeben sind, haben im wachenden Zustande die Hände gern an den Zeugungsteilen, lehnen sich, so oft sie können, so an, dass diese gerieben werden und gewöhnen sich leicht an unangenehme Stellungen des Körpers. Dies Zeichen ist eines der sichersten.
10) Allzu häufiges Urinlassen, so wie das Verunreinigen des Bettes mit Urin, ebenso wie ganz besonders das allzu ofte Besuchen der Abtritte, macht nicht minder verdächtig. Die Onanie hinterlässt Spuren in der Leibwäsche. Damit man sich aber in der Aufsuchung derselben nicht irre, lasse man diese Wäsche alle Morgen und Abende wechseln. Findet man diese Spuren in der am Tage getragenen, so gehören sie zu den fast untrüglichen Merkmalen der Sünde. Auch muss die Untersuchung solcher Spuren sorgfältig verheimlicht werden, sonst wird der

Verirrte listig genug sein, den Beobachter zu hintergehen.

11) Onanisten suchen und lieben die Einsamkeit, nehmen ungern Teil an gesellschaftlichen Vergnügungen, bleiben lieber allein oder stehlen sich von der Gesellschaft weg und suchen die Winkel.

12) Da die gesellschaftlichen Vergnügungen der Kinder stets mit mehr oder weniger Geräusch verbunden sind, so erregt es gegründeten Verdacht, wenn in den Zimmern, wo sie in dieser Absicht sich versammelt haben, dauernde Stille herrscht und sie ist für Eltern und Erzieher allemal ein Wink, auf ihrer Hut zu sein.

13) Kleine Ausschläge im Gesicht, mit öfters roten, trüben und aufgeschwollenen Augen.

14) Ein schlaff und lang herabhängender Hodensack mit einer erschlafften Vorhaut, die sich leicht ganz über die Eichel zurückziehen lässt.

15) Häufiges Schwitzen der Gegend um die Geschlechtsteile und kleine Ausschläge daselbst.

16) Bei Mädchen eine immer feuchte Mutterscheide mit etwas geschwollenen Schamlippen, so wie ein langer starker und sehr empfindlicher Kitzler.

17) Doppelt oder wohl auch mehrfach gespaltene Haarspitzen. Diese Spaltung ist aber von der Art, dass sie ohne Beihilfe eines Vergrößerungsglases schwer wahrgenommen werden kann.

18) Endlich haben wir bei Kindern sowohl, als älteren Personen, welche der Onanie ergeben sind , sehr

Fünftes Kapitel – „Onanieren macht Blind!"

häufig eine besondere Geneigtheit der Nasenspitze zum Schweiß, auch ohne vorhergegangene Bewegung und Erhitzung, so wie nicht selten auch schwarze Punkte auf derselben, die sogenannten Mitesser, beobachtet. Doch geben wir gern zu, dass auch dieses Merkmal trügen könne. Als ein Zeichen der Onanie beim weiblichen Geschlechte finden wir noch insbesondere im *Hufelandsschen Journale* für die praktische Heilkunde das Erscheinen von Warzen am Zeige- und Mittelfinger, mit einem Geruch nach Sauerkohl, angegeben. Die Untrüglichkeit desselben steht zu bezweifeln, doch möchte einiges Gewicht darauf zu legen sein, wenn sich mit ihm noch mehrere andere der bereits genannten Zeichen verbinden.

Bei Onanisten, welche schon längere Zeit sich diesem Laster ergaben, sind die Geschlechtsteile schlaff, welk, das männliche Glied ist sehr abgemagert, die Mundwinkel treten etwas hervor, auch kauen sie gern an den Nägeln der Finger.

So wahrscheinlich und zum Teil gewiss nun auch die eben angeführten Kennzeichen der Selbstbefleckung sind, so geben sie doch keine genügende vollkommene Gewissheit. Zu dieser kann man nur durch das Geständnis des Sünders selbst gelangen. Dies Geständnis aber zu erzwingen, wird dann immer sehr schwer sein, wenn man sich mit Kindern, unserm früheren Vorschlage gemäß, nie über Erzeugungsgeschäft und Geschlechtstrieb besprochen hat oder je weniger man dieselben vom Anfange an zu einem solchen Grade von Aufrichtigkeit und Vertrauen gewöhnt hat, dass sie auch ihre Fehler leicht gestehen. In Schulen, wo man die Jugend zum blinden Gehorsam zu gewöhnen sucht, wo Lehrer und Erzieher stets die Rolle der Befehlshaber und Zuchtmeister spielen, erstirbt die Aufrichtigkeit, es wird Heuchelei genährt und daher auch die Entdeckung dieses Lasters fast unmöglich gemacht. Ist aber das Kind einmal zum Geständnis gebracht, so suche man, nach Salzmanns Rath, durch Gelindigkeit, wehmutsvolle Warnung, Versicherung von Liebe und Freundschaft, sich seines ganzen Vertrauens zu versichern, lasse sich nie vom Zorne überwältigen und rede es nie mit harten Worten an. Je mehr der Anblick einer solchen Verirrung das Herz des wahren Erziehers empört, desto mehr hat er Ursache, in solcher Hinsicht auf seiner Hut zu sein. Daher ist das unschicklichste Besserungsmittel für solche Fälle Verbot, Drohung und Strafe, welche das Kind, das sich seither bei seiner Sünde wohl befand, nur erbittern und seinen sittlichen Charakter verderben, es veranlassen, auf Mittel der Verheimlichung zu sinnen und ihm die traurige Fertigkeit beizubringen, Eltern und Erzieher zu belügen, zu betrügen und ihrer Verordnungen zu spotten. Das Hauptmittel zur Besserung bleibt immer eine liebreiche und doch ernstliche Vorstellung von der Schädlichkeit des Lasters, die jedoch mit Klugheit gepaart sein muss. Man versichere ein solches Kind seiner vollkommenen Liebe, spreche von den großen Erwartungen, die man sich von ihm gemacht habe, erinnere dabei an seine Eltern, Erzieher und Personen, die dem Kinde lieb sind und an die große Betrübnis, welche sie empfinden würden, wenn jene Hoffnungen fehlschlagen sollten, Man spreche dann von

Fünftes Kapitel – „Onanieren macht Blind!"

der großen Schädlichkeit des Lasters ohne Zurückhaltung und Übertreibung, erinnere, dass die schrecklichen Folgen desselben sich nicht in den ersten Wochen und Monaten, ja bei Manchen wohl auch nicht in den ersten Jahren einstellen, aber am Ende gewiss noch nachkommen. Man erläutere dies durch Beispiele, z. B. dass die Säufer, welche oft Jahre lang ihr Laster treiben, am Ende aber doch durch Schwindsucht, Lähmungen und Gicht dafür bestraft werden. Man vergesse die religiösen Gründe zu einer solchen Warnung nicht, schärfe dem Verirrten die Lehre von der Allwissenheit Gottes und seiner Gerechtigkeit ein, vermöge derer uns kein Winkel und keine Nacht seinen Augen verbirgt und jede Handlung ihre Frucht tragen muss. Man spreche von der hohen Bestimmung des Menschen so eindringlich als möglich und erinnere, welche Würde er erlangen, wie weit um sich her er wirken, wie er Wohltäter und Stütze seiner Brüder werden und Segen und Gedeihen vielseitig verbreiten könne, wenn er seine Kräfte zu erhalten und auszubilden suche. Wie dies Alles dagegen wegfalle, wenn er sich selbst entnerve und die Kräfte verschwende, die nach des Schöpfers weiser Bestimmung seinen Körper stärken und erhalten sollen. Man weise den Verirrten hin auf Ehestand und Vaterschaft und mache ihm begreiflich, wie das mit ihnen verknüpfte Vergnügen durch dieses Laster vereitelt oder doch wenigstens sehr verbittert werde. Man entferne jede der oben genannten Veranlassungen zur Onanie von dem Kinde, z.B. die Wärme der Federbetten, eine die Schamteile pressende Kleidung u.s.w. Man verschaffe dem Kinde eine recht gute und zweckmäßige Lektüre, denn ein einziges gutes Buch, z. B. von Gellert, Spalding, Zollikofer, Salzmann u. s. w.

ist oft eine gewaltige Stütze. Man verschaffe ihm Umgang mit wahrhaft sittlichen Personen und, wäre es in der Sünde schon weit vorgeschritten, so entferne man es einige Zeit lang ganz aus seiner bisherigen Lage , lasse es z. B. eine weite Fußreise in Gesellschaft eines gesetzten und moralischen Mannes unternehmen, an dessen Seite es des Nachts schlafen muss und benutze endlich mit weiser Klugheit das gute sowohl als das böse Beispiel zur Besserung. Man zeige an anderen Kindern und Erwachsenen die traurigen Folgen des Übels, an Anderer blühender Gesundheit, Kraft und Heiterkeit die Belohnungen der Keuschheit. Denn die große Gewalt des Beispiels über den Menschen, vor Allen aber über das Kind, ist durch Erfahrung erwiesen und nach ihnen bildet es sich mehr, als nach allen Regeln, Erklärungen und Beweisen.